北京大學圖書館特藏文獻叢刊

北京大學圖書館藏
老北大燕大畢業年刊

十 燕大卷

陳建龍·主編
張麗靜·執行主編

北京大學出版社
PEKING UNIVERSITY PRESS

第十册　目　録

燕大年刊一九四一……………………………………………………………1
燕大年刊一九四八……………………………………………………………233
燕大年刊一九五〇……………………………………………………………399

燕大年刊一九四一

本刊全名"燕京大學一九四一年刊",燕京大學一九四一班年刊委員會於1941年6月出版。

本刊題名頁有贈書題記:"母校圖書館惠存,一九四一年刊委員會敬贈。"並鈐有"燕京大學一九四一班年刊委員會之印"藍色方印。另鈐有"燕京大學圖書館藏印"紫色方印。

從本年年刊的目錄看,主要內容包括:校史、校景、教職員、畢業生、團體、生活、一九四一班。基本延續了上一年的內容,取消了設備與概況,增加了"校史"部分。實際上這部分內容在前幾年的年刊中都有刊登,只是在目錄中沒有作爲單獨的部分體現而已。

本年刊登的校訓仍爲前校長吳雷川所題寫,校花仍採用齊白石的作品。

本年年刊的校史仍由高厚德(Howard S. Galt)撰寫,題爲 Yenching University and How It Came to Be,主要包括校園與建築、院系與課程設置、燕大與其他機構的關係等。與上年"設備與概況"欄目的相關內容基本相同。

本年年刊和此前不同,"校景""教職員"部分缺少欄目之前的題名頁。"校景"部分刊登有校景15張,第一張貝公樓前花壇及華表比較少見,有的校景如女生宿舍、湖邊夜景等則似曾相識。

"教職員"部分,較上年增加了學校管理層和院系主任以外各部室主任名單和照片,主要有:教務主任、圖書館主任、男女校校醫等,此外還有年刊顧問委員會照片，委員最後一位是侯仁之先生。

"畢業生"部分刊登有167位畢業生的畢業照，人數可謂空前。1941年12月7日，太平洋戰爭爆發後，日軍關閉了燕京大學。燕大被迫輾轉至成都復校，因戰時的形勢及經濟等因素影響，此後的一期《燕大年刊》要到1948年才面世。

下面選擇介紹幾位優秀畢業生。

物理學系的黃昆（1919—2005），著名固體物理、半導體學家。1941年畢業後任昆明西南聯大物理系助教。1944年西南聯大研究生畢業。1947年獲英國布裏斯托大學博士學位。1951年回國後任北京大學教授。1955年當選中國科學院學部委員。1977年任中國科學院半導體研究所所長。曾當選中國物理學會理事長。

特別生物系翁心植（1919—2012），內科學家。先後就讀於北平協和醫學院、上海醫學院、中央大學醫學院、華西協和大學醫學院，1946年獲華西協和大學醫學院畢業證和美國紐約州立大學醫學博士學位。同年9月任職於北京大學醫學院附屬醫院。1949—1957年任中央人民醫院（後改名北京人民醫院、北醫附屬人民醫院）內科主治醫師、副主任、化驗室主任，兼北京醫學院內科講師、副教授。1965年任北京朝陽醫院副院長兼內科主任。

西語學系吳興華（1921—1966），詩人、學者、評論家。畢業後留校任教，珍珠港事件後，燕大被日軍關閉，以翻譯謀生。抗戰勝利後，重返燕大西語系任教，後被聘爲副教授。1952年院系調整，任教於北京大學，曾任西語系副主任。

歷史學系的楊思慎（1914—1992），1945年任天津美國新聞處翻譯，兼任天津津沽大學歷史系講師。1947年任天津圖書館主任，天津解放後任館長。後任天津師範學院教務長、天津社會科學院圖書館館長。曾任天津圖書館學會常務理事，天津史學會理事。

經濟學系的李效黎（1916—2010），原名李月英，英國學者林邁可（Michael Lindsay）之妻。太平洋戰爭爆發後，與林邁可逃離北京，幾經輾轉，於1944年中到延安。抗戰勝利後隨林邁可回英國，1960年移居美國華盛頓。林邁可去世後，長期在北京居住生活。著有自傳體作品《延安情》（*Bold Plum*）。

"團體"部分，與之前年刊一致，主要是研究院和國文學會、歷史學會、心理學會等與各系有關的學生學術社團的合影。最後是"導師制師生全體"合影。1937年，英國學者林邁可受聘燕京大學，開始在中國推行本科導師制。

"生活"部分，刊登該班同學各種體育活動、衣食住行、勞動體驗、戲劇演出、舞蹈與音樂表演、郊外旅行、讀書生活、運動會、團體操表演、社團活動、校友返校等照片，也有該班同學的結婚照。此部分共四十頁，內容可謂豐富多彩。

此外，此部分還刊登了不幸去世的級友鄭汜蘭和鍾書銘的照片和紀念文字。

"一九四一班"部分，刊登有該班班旗，然後是圍繞"一九四一"四個大字的本級同學頭像、全班及院系的合影、一九四一年刊委員會合影，以及年刊委員會組織機構及名單。

與前幾年年刊相同，本年刊還附有"一九四一班同學通訊處"和畢業論文題目。

1941年

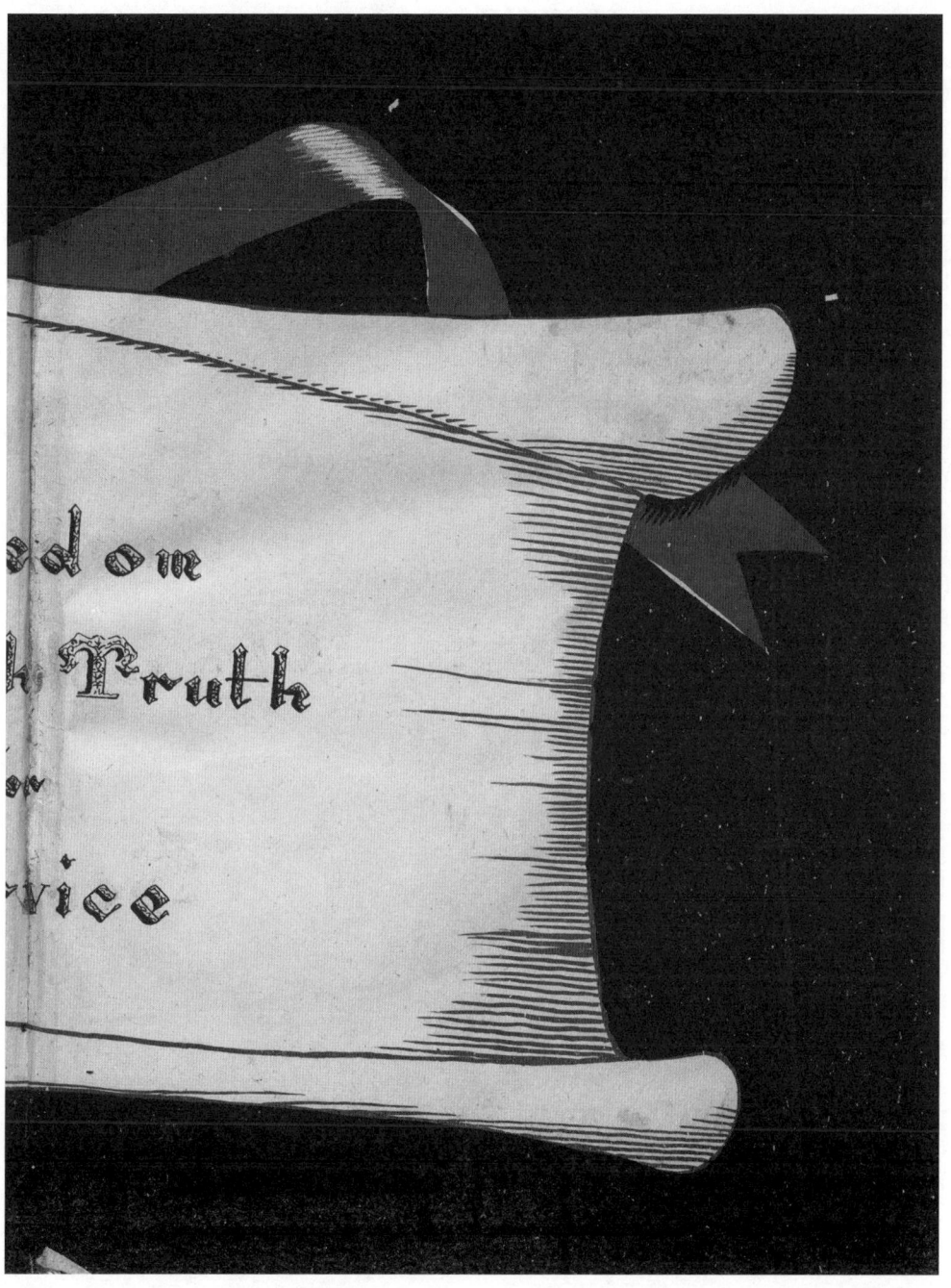

燕京大學
一九四一年刊

母校圖書館惠存

一九四一年刊委員會敬贈

燕京大學一九四一班年刊委員會出版

民國三十年六月

目錄

史景

員生體活班告

校職業

卷一 校

卷二 校教

卷三 教畢

卷四 畢團生

卷五 團生一九四一

卷六 一九廣

卷七 廣

卷八

校訓

因真理得自由以服務

吳雷川敬錄

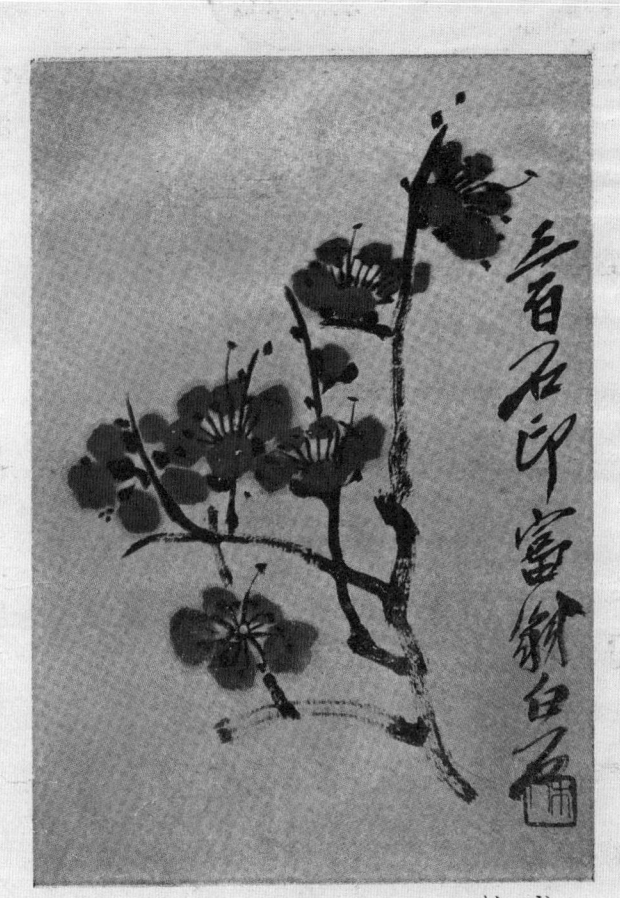

校花

YENCHING UNIVERSITY AND HOW IT CAME TO BE
Howard S. Galt

The Campus and the Buildings

This Yenching Campus, a dual product of the arts of Nature and the arts of man, was occupied by the University in the summer of 1926. At that time the main outlines of the campus were where they are now, but several plots within the borders—islands of "extra-territoriality"—had to be purchased later. The southwest part of the campus, the oldest portion of which we have definite history, was originally a beautiful summer garden belonging to a Ming Dynasty scholar name Mi Wan Chung. The north part of the campus was, toward the close of the 18th century, developed as a summer garden by Ho Shen, a favorite minister of Emperor Ch'ien Lung. The lakes, hills, islands and rockeries, as well as the old pine and cedar trees, which adorn this part of the campus are doubtless a heritage from that early period.

The main part of the campus was purchased in the latter part of 1920. An engineer's survey was made and the University architect, Mr. Murphy, at once undertook the lay-out of the site and buildings. For the main group of academic buildings an east and west axis was laid down, the western end of which impinges on the highest pagoda in the Jade Fountain Park. For the buildings of the Women's College quadrangles a north and south axis, meeting the other axis at right angles at a point a hundred yards or so east of the present Bashford Administration building, was laid down. These two axes determined the location of most of the buildings. But parts of the campus, in keeping with their landscape gardening were treated less formally, and many buildings have been placed without relation to the axes.

The buildings, as all observers note at once, are Chinese in architecture—"one of the great architectures of the world", according to Mr. Murphy. But Chinese architectural features characterize the exteriors rather than the interiors, for the latter are arranged primarily with respect to academic and administrative requirements. The first buildings erected were Ninde and Sage Halls, their corner stones bearing the date 1922. The latest important buildings to be erected were the two gymnasiums, completed in 1930. All buildings are of brick, stone or reinforced concrete, and almost entirely fire-proof.

When the members of the University occupied this campus in 1926 it seemed like a move into paradise—at least for the men students. The campus—or rather the collection of odd buildings—occupied by the "Men's College" at K'uei Chia Ch'ang, the temporary site in the city, was a dreary, dusty place. City scavengers, cooperating with the dust-storms of winter and the flood waters of summer, carried to that corner much of the filth of Peiping. Buildings were small, space was limited and equipment was meager, and during the eight years on that K'uei Chia Ch'ang site faculty and students looked with ardent hopes for the privileges the new site promised.

For the women students the change was not marked by such deep contrast, for the temporary city site of the Women's College near Teng Shih K'ou was much superior to the K'uei Chia Ch'ang site. There for a period of about ten years, in ample and picturesque buildings which earlier constituted the "fu" of a wealthy family, the Women's College had a steady and notable development both before and after 1920, the date when it became a part of the University.

Inquiry into the origins of Yenching carries the inquirer back into the period from 1902 until 1918. During those years, following the universal destruction of all Christian institutions in North China in the year 1900, the "Peking University", Methodist College for Men; the "North China Union College", the union college for men at Tungchou; and the "North China Union Women's College", the women's college in Peking; had rebuilt their buildings, raised their standards, increased their numbers, and thus laid strong foundations for the union University which was to be. In addition to these three colleges mention must be made of three theological schools, whose union into one really preceded the organization of Yenching, and this school was thus well prepared to become the School of Religion of Yenching University.

If the inquirer into Yenching's origins is still not satisfied he may seek out the sites and connections of schools which began in Peking as early as 1864. In that year a girl's school was started in the American Board Mission, which later became Bridgman Academy, and out of which the Women's College was evolved. In 1867 a small school for boys was established at Tungchou, and out of it evolved the college for men at Tungchou, and one of the theological schools. In 1870 the Methodist Mission in Peking established a boys' school out of which was evolved Peking University which, besides being a men's college, included another theological school.

Thus step by step, and stage by stage, five different schools were founded, developed and merged, and we have the Yenching University of today. If the founders and teachers and pupils of those early pioneer schools could live again and visit the Yenching campus today—the day these lines are written the campus is glorious in the spring beauty of flowering shrubs and trees—they would indeed think they had reached paradise—a paradise not too inferior perhaps to the one where we hope they are.

The Colleges, Departments and Curricula

The undergraduate courses in Yenching today are organized in three colleges and seventeen departments. But these stand at the end of a long series of academic changes. When Yenching was established in 1918, China's school system was not the present system. At that time above the middle school there were two years of "university preparatory" (Yü K'e) and four years of "university proper" (Pen

K'e). Yenching University (which at that time bore the name "Peking University" accordingly had a Yü K'e, and a Pen K'e, each with a dean in charge. At the outset there were but thirteen departments. During those early years "young men saw visions" and administrators "dreamed dreams", and by the time the University was transferred to the new site, in 1926, there were twenty-three departments. Several of these had been added as attempts at vocational education—only partially successful.

Before the new site was occupied the Chinese Government changed the school system (1922) and the Yü K'e (university preparatory) became obsolete. So in 1926 there was but one academic dean. However the Dean of the Women's College seemed to retain certain academic responsibilities for the women, but at this point coordination was soon effected. (A short-lived effort to establish a special Yü K'e was made, but met with strong opposition and was discontinued).

In 1930 the Ministry of Education in Nanking decreed that institutions of "university" status (ta hsueh) must have at least three colleges, in which their departments were to be grouped. This resulted in an academic reorganization at Yenching, for in 1929 Yenching had been registered and recognized by the Chinese Government. The resultant three colleges at Yenching were the College of Arts and Letters, the College of Natural Sciences, and the College of Social Sciences. The latter name, due to certain academic organizations at Princeton University in America, the alumni of which had assumed partial support of the College, was later changed to College of Public Affairs. Thus originated the three colleges as they are today.

During this period of reorganization, and subsequently, there were among the departments some eliminations and some combinations, resulting in the seventeen departments of today. These changes were due partly to regulations by the Ministry of Education in Nanking, and partly to the demands of economic retrenchment.

The curricula in Yenching have, from the outset included many elective courses. The proportion of electives to required courses constitutes a chronic problem of academic administration which keeps the faculty and student body both interested. "Freedom" is one of the big words in the University Motto, and usually the students have desired more freedom in course election. The faculty has usually been in sympathy with this principle, but at the same time has felt responsible for requiring enough breadth and integration of studies, along with specialization, to justify the granting to graduates of the bachelor's degree. During the years 1932-33 a "Committee on Academic Efficiency" made systematic study of department programs and curriculum problems. The report of that Committee, thoroughly discussed and partially revised by the Council, has formed the basis of curricular programs during these subsequent years. In the programs for the three colleges the studies of the freshmen year are nearly all prescribed. More freedom is granted in the sophomore year, and during the upper two years the departments are free to specify both required and elective elements in the students' program.

As mentioned above the School was, at the time of its entry as a part of Yenching, a union institution of three elements: one was the theological division of the former Peking University; the second was the North China Union Theological Seminary, in which three Christian missions had been united for nearly fifteen years; the third was a theological school of an English missionary society, formerly located at Tientsin. These three institutions, looking forward hopefully to the time when the union university would come into being, effected an earlier union (in 1915) and located near K'uei Chia Ch'ang where Yenching later began its work. It subsequently became a part of the University and has held its well-honored place for these twenty-two years. Although the student enrolment is small the faculty is maintained at full strength and includes scholars of exceptional ability and devotion.

Yenching's Foreign Institutional Relationships

The Harvard-Yenching Institute. "Mr. Hall was interested in educational and philanthropic work in the Orient and the Near East, and he left a large part of his estate 'for the purpose of education in foreign lands, to wit China, or elsewhere in Continental Asia and Japan, Turkey, and the Balkan States in Europe'. The Trustees under this will.... for many years made contributions to numerous educational institutions, but, as the time approached when a final settlement of the estate must be made, they agreed that China offered the most promising field for the concentration of effort, and that a plan for cooperation between a group of institutions in China and an American University would provide the best means of carrying out Mr. Hall's wishes. Harvard University was chosen as the center in America at which the activities of the Institute would be carried on, and Yenching University of Peiping, China, was selected to act as the "liaison" university in the Orient."

This paragraph, quoted from the Harvard Alumni Bulletin (Dec. 22,1933) reports the first steps leading to the organization of the Institute. Charles M. Hall, a graduate of Oberlin invented a process for the profitable manufacture of aluminum and thus amassed a considerable fortune. A board of trustees at Harvard administers that part of his estate which was allocated to the support of the Institute. The chief purpose is the promotion of oriental studies, especially those connected with China, at the two centers, Harvard and Yenching. Research work under the Institute was established at Yenching in 1928. The funds are used to support a number of professors in the departments of history, Chinese, and philosophy, to provide fellowships for a number of advanced students in these fields, and to promote research and publication in these and related fields. The annual budget also includes generous funds for the purchase of books dealing with relevant subjects, and Yenching owes to the Institute a heavy debt of gratitude for the consequent expansion of the University library.

At Harvard University the Institute is developing one of the most important centers for the study of Orientalia to be found in the West. There also an extensive library is being developed, for which the Yenching office of the Institute acts as purchasing agent.

The Princeton-Yenching Foundation. The chief interest of the Princeton-Yenching Foundation is in the College of Public Affairs, which receives part of its support from the Foundation.

The beginnings of this relationship took place nearly twenty years ago while the University was at K'uei Chia Ch'ang. For many years there had been a "Princeton-in-Peking" organization—chiefly of Princeton University Alumni—which supported the Young Men's Christian Association in Peking. After Yenching was organized there arose a movement to transfer the Princeton interest from the Y.M.C.A. to the University. This transfer was a gradual process. The social science departments were those which the Princeton alumni hoped to support and develop. Beginnings were made in those early years, and after the removal of the University to the new site the Princeton support grew stronger. An interchange of professors and students took place and in 1930 the organization at Princeton was expanded and the name Princeton-Yenching Foundation was adopted. The Foundation maintains an executive office in New York. It has a small endowment fund and the income from this, with codtributions from Princeton Alumni, are remitted annually to Yenching for the support of the departments of Economics, Political Science and Sociology in the College.

Wellesley College. Through the Yenching College for Women the University is connected with Wellesley College, which is also a college for women.

In 1919, before the Women's College joined the University, there was organized in America a committee to promote interest in a group of colleges for women in the Orient. Through the activities of this committee a connection was established between Wellesley College and the College for Women in Peking. Many Wellesley College alumnae have at different times been on the faculty at Yenching, a number of Yenching women graduates have enjoyed special facilities for advanced study at Wellesley, and the Wellesley faculty and students contribute annually a sum of money for the support of the Yenching College for Women. Based on the relationship between the two institutions they are often called "Sister Colleges".

The University of Missouri School of Journalism. Mr. Vernon Nash, one of the pioneers of the Department of Journalism was a graduate of the Missouri School and in 1927, through promotional activities by Mr. Nash in America, a link was forged which connected the Missouri institution with the department at Yenching. An exchange of professors and fellowship students took place and for a number of years there was a strong interest in Yenching at the University of Missouri. At a later period there were changes which somewhat impaired this interest. Dean Walter Williams of the School of Journalism at Missouri was elected president of the University, and died shortly after. Professor Martin who had been the exchange professor from Missouri to Yenching, was chosen dean of the School at Missouri and he has maintained a keen interest in the Department of Journalism, but apart from this the relationship between the two institutions is not as strong as formerly. It exists potentially however, and there is hope that when conditions are more settled the vital relationship can be restored.

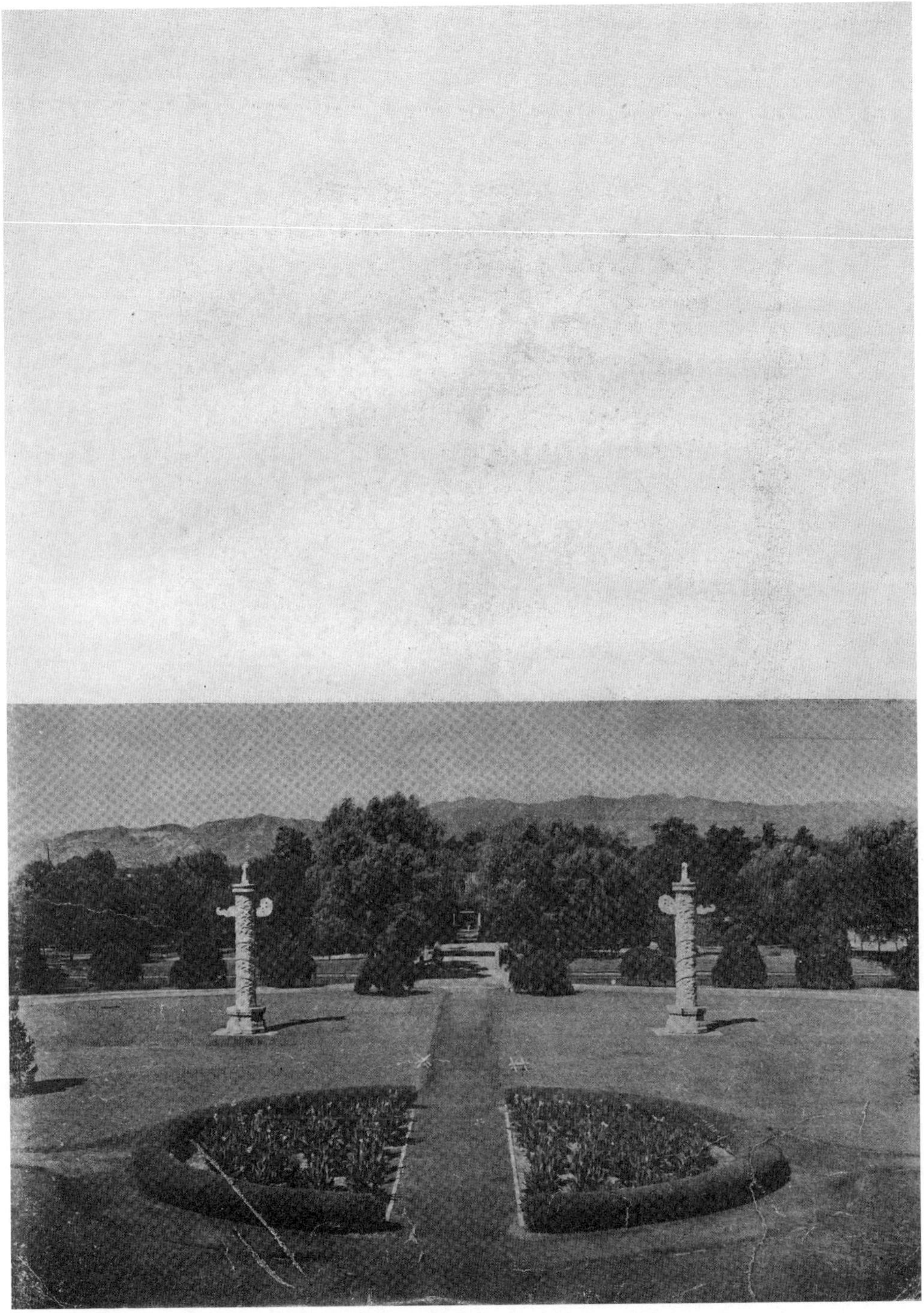

燕大年刊一九四一

燕大年刊一九四一

研究院院長
陸志韋先生
Dean of the Graduate Yuan
C. W. Luh, Ph. D.

宗教學院長
趙子宸先生
Dean of the School of Religion
T. C. Chao, M.A., B.D., Litt. D.

文學院院長
周學章先生
Dean of the College of Arts and Letters
Henry H. C. Chou, Ph. D.

理學院院長
韋爾巽先生
Dean of the College of Natural Sciences
Stanley D. Wilson, Ph. D.

法學院院長
陳其田先生
Dean of the College of Public Affairs
Gideon-Ch'en, B. A.

女部主任
桑美德女士
Dean of the College for Women
Miss Margaret B. Speer, M. A.

教務主任
林嘉通先生
Director of Studies
Lin Chia-t'ung, Ph. D., F.S.S.

圖書館主任
田洪都先生
Librarian
H. T. T'ien, B.A.

男校校醫
吳繼文大夫
Physician of University Medical Service
for Men
Wu Chi-Wen, M.D.

女校校醫
安哥星大夫
Physician of University Medical Service
for Women
Miss Grete Singer, M.D.

國文學系主任　董璠先生
Chairman of the Department of Chinese
Tung Fan, B.A.

歷史學系主任　齊思和先生
Chairman of the Department of History
Ch'i Ssu-ho, Ph.D.

外國文學系主任　蕭迪克先生
Chairman of the Department
of Western Languages
H. E. Shadick, B.A.

心理學系主任　夏七德先生
Chairman of the Department
of Psychology
R. C. Sailer, Ph. D.

代理哲學系主任　嚴羣先生
Acting Chairman of the Department
of Philosophy
Yen Ch'ün, M.A.

教育學系主任　周學章先生
Chairman of the Department
of Education
Henry H. C. Chou, Ph. D.

新聞學系主任 劉豁軒先生
Chairman of the Department
of Journalism
Liu Hoh-hsuan, B.A.

體育學系男部主任 黃國安先生
Chairman of the Department of Physical
Education for Men
K. A. Wee, Ph. D.

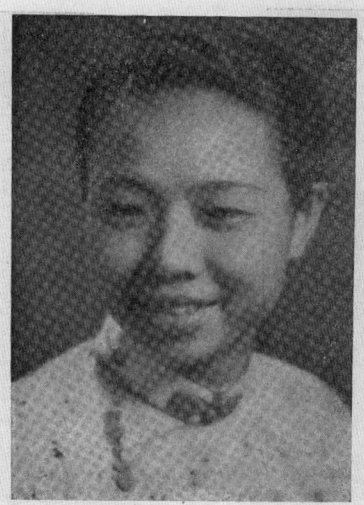

體育學系女部主任 盧惠卿女士
Chairman of the Department of Physical
Education for Women
Miss Lu Hui-ch'ing, M.S.

代理音樂學系主任　薛路得女士
Acting Chairman of the Department
of Music
R. L. Stahl, Mus. B.

數學學系主任　達偉穟先生
Chairman of the Department
of Mathematics
Walter W. Davis, M.S.

化學學系主任　蔡鎦生先生
Chairman of the Department
of Chemistry
Ts'ai Liu-sheng Ph. D.

生物學系主任　李汝祺先生
Chairman of the Department of Biology
J. C. Li, Ph. D.

物理學系主任　班威廉先生
Chairman of the Department of Physics
William Band, M. Sc.

家政學系主任　桂美德女士
Chairman of the Department
of Home Economics
Miss Martha Kramer Ph. D.

經濟學系主任　陳其田先生
Chairman of the Department
of Economics
Gideon Ch'en, B.A.

政治學系主任　吳其玉先生
Chairman of the Department
of Political Science
Wu Ch'i-yu, Ph. D.

社會學系主任　趙承信先生
Chairman of the Department of Sociology
And Social Work
Chao Ch'eng-hsin, Ph. D.

燕大年刊一九四一

張焙民
家政學系

張承業
經濟學系

張復駢
新聞學系

張慧貞
教育學系

張蕙芬
特生物系

張國良
經濟學系

萬文友
政治學系

范迪蘇
經濟學系

方大慈
社會學系

馮致安
化學學系

方紉
家政學系

方則燕
經濟學系

張丕瑩
經濟學系

張頻
建築學系

張寶珊
政治學系

張玉貞
經濟學系

張婉佩
宗教哲學系

張延圻
政治學系

于文竜
家政學系

趙景心
經濟學系

趙奉銓
物理學系

張士貞
經濟學系

伍恩亞
音樂學系

王效銘
特生物系

趙 時
歷史學系

趙德貞
特生物系

陳繼明
新聞學系

陳宗寬
西語學系

陳培昌
生物學系

陳善明
護預學系

陳東生
國文學系

陳一霆
物理學系

陳永齡
社會學系

鄭文趑
化學學系

齊恩浩
經濟學系

齊耀琦
社會學系

洪恩買
經濟學系

錢進明
社會學系

齊焌湄
音樂學系

姜源清
歷史學系

秦佩珩
經濟學系

秦肇新
化學學系

王淑蕙
特生物系

周乃森
社會學系

周培貞
家政學系

周貴容
特生物系

朱 瑋
西語學系

瞿恩寶
國文學系

馮寶琳
國文學系

馮繩祖
經濟學系

馮傳鄂
新聞學系

何國樑
政治學系

馮延昌
物理學系

韓光達
社會學系

賀雲鷟
生物學系

何孝允
經濟學系

何懷德
歷史學系

夏修永
經濟學系

蕭雲禮
經濟學系

蕭樹柏
經濟學系

謝國振
歷史學系

蒯炳邢
社會學系

許君佐
心理學系

許原昌
經濟學系

許維翰
國文學系

許邦興
新聞學系

黃　昆
物理學系

黃京生
經濟學系

黃　鐘
化學學系

胡立賢
經濟學系

黃益任
特生物系

胡文華
國文學系

胡緒鑰
化學系

高恩仁
Ralph M. Galt
宗教哲學系

高景成
國文學系

管玉琳
社會學系

關肇直
數學系

郭興業
社會學系

谷銑之
特生物系

鄺瑞芳
家政學系

李際成
經濟學系

李鎮
經濟學系

李忠僑
經濟學系

李溱
經濟學系

李槐春
社會學系

李蕭聃
國文學系

李淑貞
國文學系

李培蕃
西語學系

黎秀偉
歷史學系

李邦琦
特生物系

李岐黎
經濟學系

李壽朋
新聞學系

李祖承
物理學系

李 鷗
數學學系

李慰祖
社會學系

李維成
物理學系

廖增其
物理學系

廖能敏
家政學系

雷耳曼
Noah Lerman
物理學系

林瑞良
經濟學系

梁季同
歷史學系

梁治煥
經濟學系

梁仲謙
經濟學系

柳正輝
化學學系

劉峻峰
音樂學系

劉書田
化學系

王知人
物理學系

王兆榮
新聞學系

馬維藩
政治學系

毛乃鈞
經濟學系

牛寶成
特生物系

彭 靜
教育學系

龐之焜
宗教哲學系

田 蕊
經濟學系

王　和
國文學系

老瑞樞
數學系

呂世曠
國文學系

宋振玉
化學學系

宋獻彝
新聞學系

孫季良
經濟學系

孫 鈞
心理學系

孫以寬
化學學系

孫嫻綵
社會學系

孫念臺
物理學系

湯娟麗
音樂學系

鄧萬箴
教育學系

田廣運
歷史學系

裴時英
教育學系

田樹潤
特生物系

田德至
植物學系

鐵崙
經濟學系

丁修珊
化學學系

蔡雲程
經濟學系

曾子慧
特生學系

董繼瑚
經濟學系

段啓超 化學學系

杜陽春 新聞學系

佟明達 化學學系

王春漪
特生物系

張式騫
經濟學系

汪景岳
經濟學系

王世鈺
經濟學系

王繼樸
新聞學系

王進賢
經濟學系

汪克柔
歷史學系

汪婉珍
經濟學系

王文淦
經濟學系

吳忠民
物理學系

吳宗澄
歷史學系

吳興華
西語學系

伍德鼎
哲學學系

武大民
經濟學系

姚志堅
數學學系

姚克安
經濟學系

楊金鈞
經濟學系

楊樹聲
教育學系

張延祝
經濟學系

歐陽駒
經濟學系

林　雨
護預學系

劉士鑑 歷史學系

邢裕仁 經濟學系

研究院
景學會
國文學會

歷史學會
西語學會
心理學會

哲學會
教育學會
新聞學會

體育學會
音樂學會
數學學會

化 學 會
生 物 學 會
物 理 學 會

家政學會
經濟學會
政治學會

社會學會
醫護預學會
工預學會

導師制師生全體

蒙

燕京劇團 　　　　　　　爲本刊籌款公演

燕大國劇社

美使館海軍樂隊　　爲本刊籌款演奏

特此鳴謝

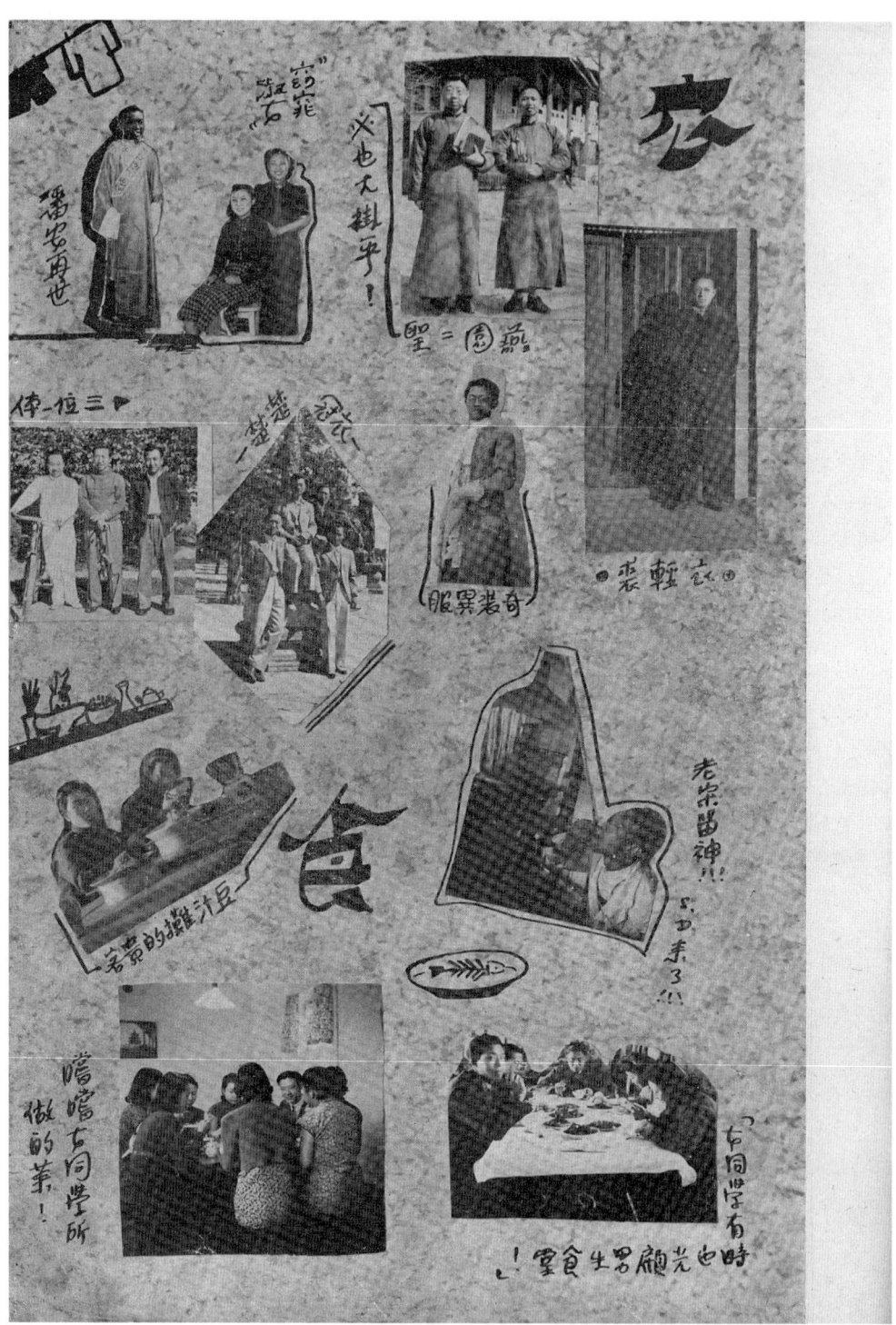

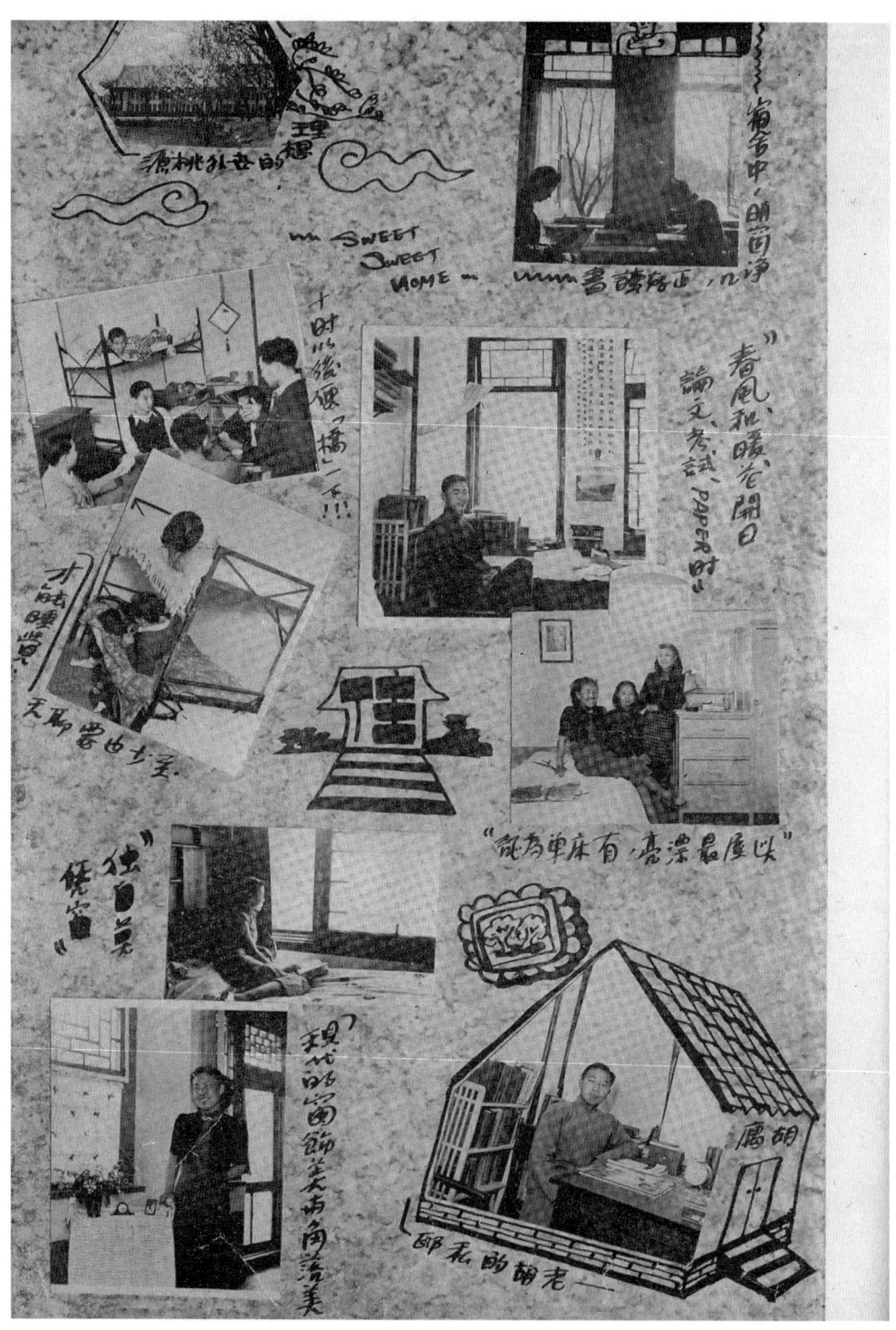

北京大學圖書館藏老北大燕大畢業年刊（十）燕大卷

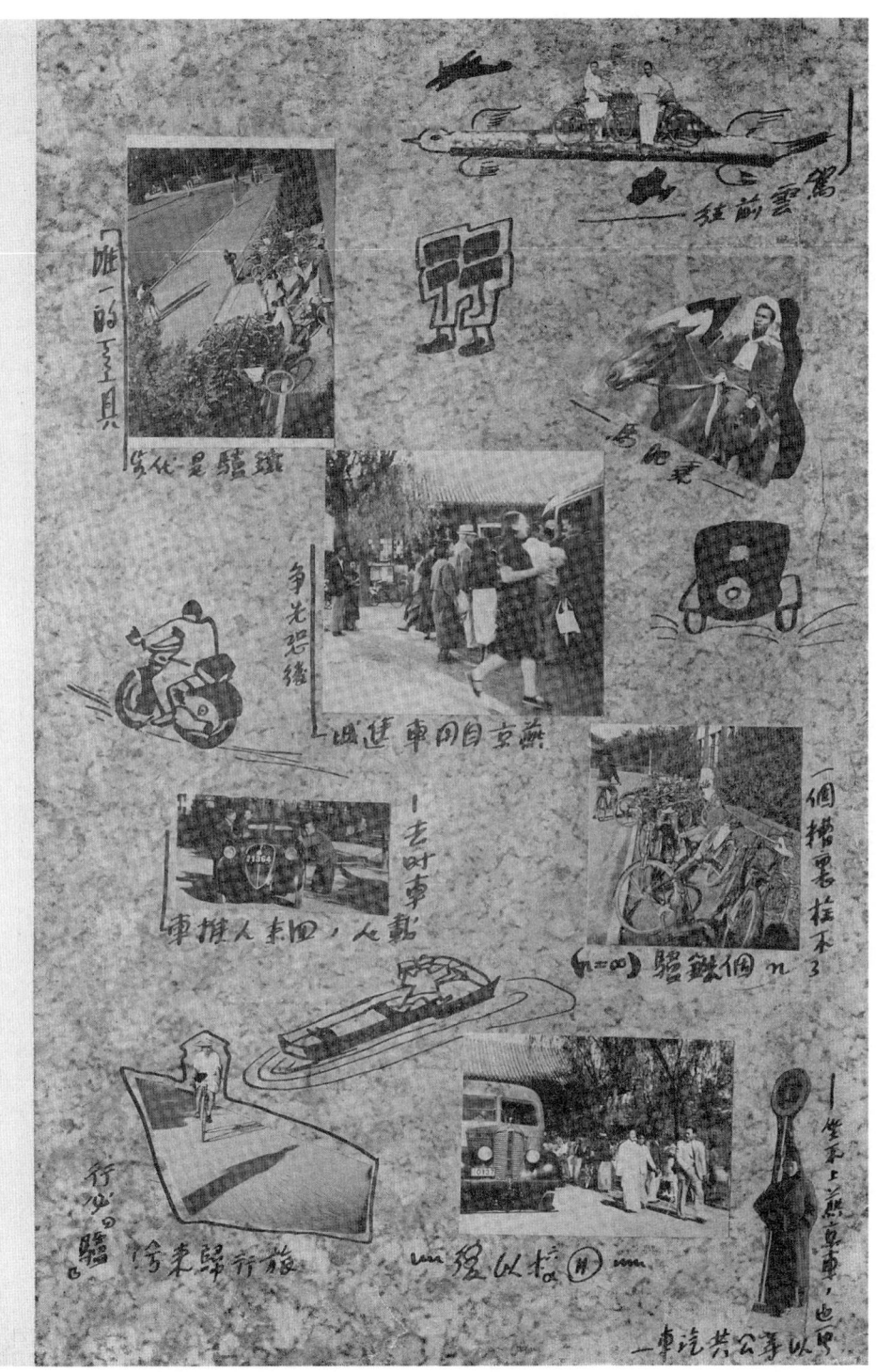

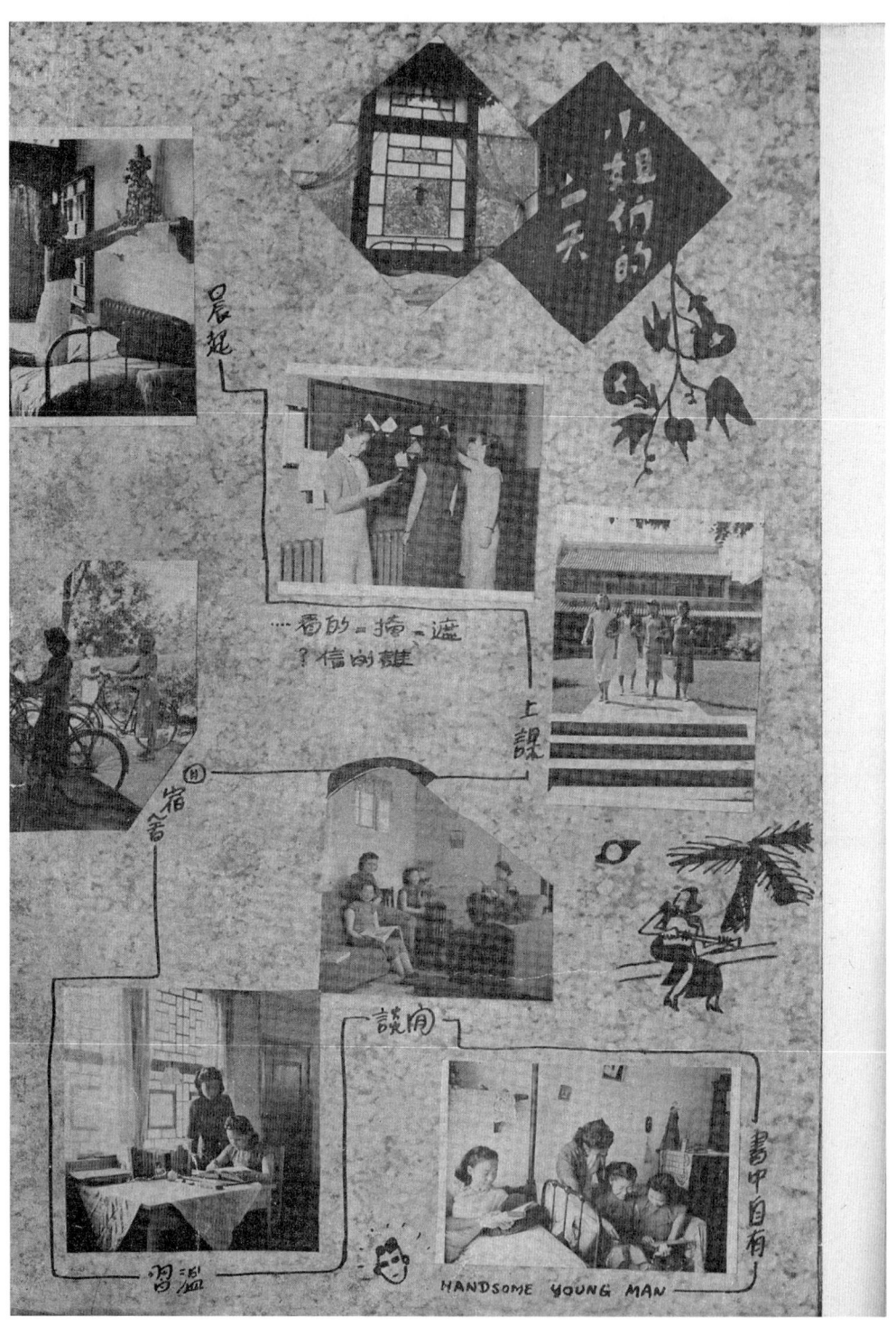

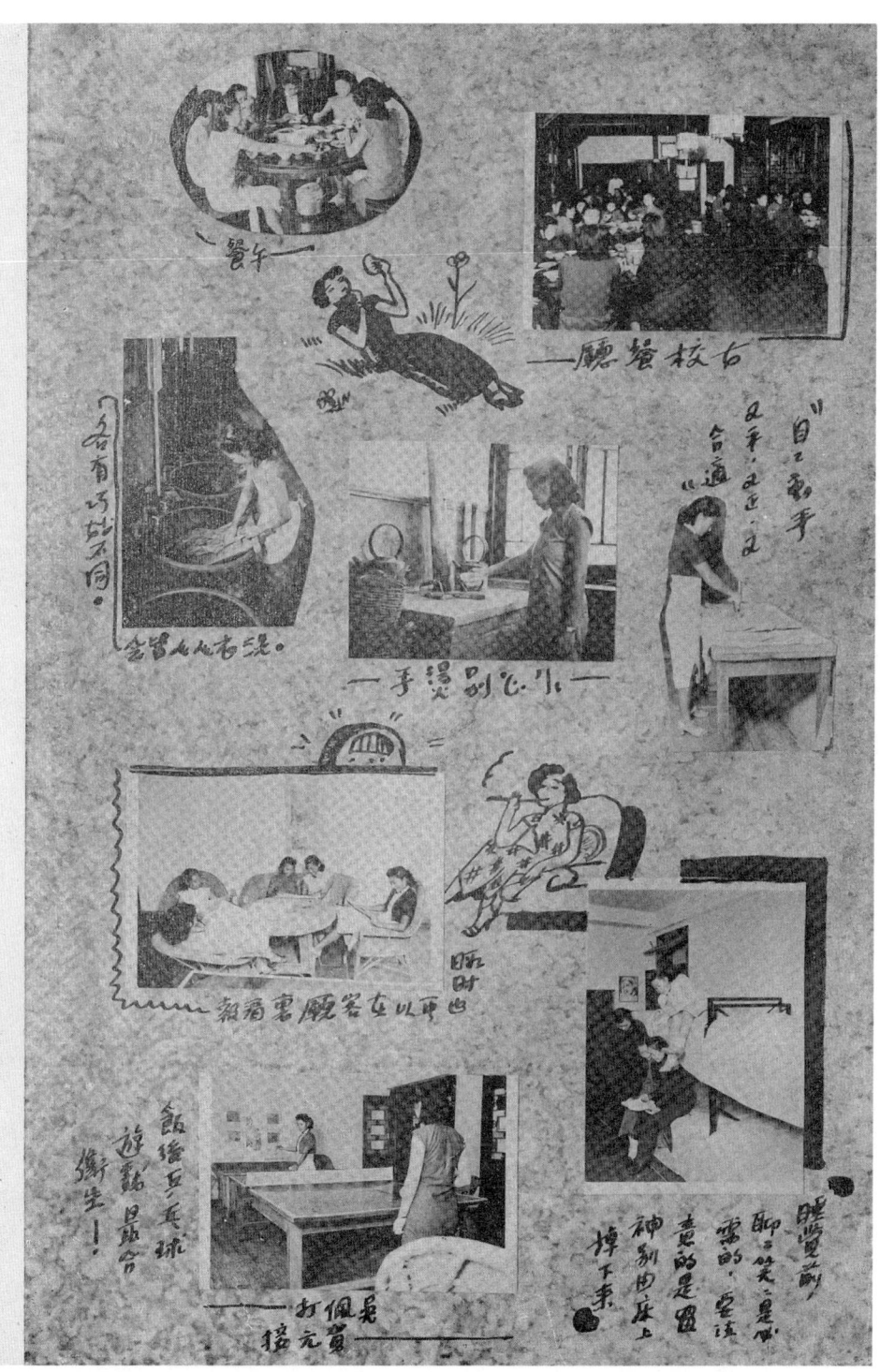

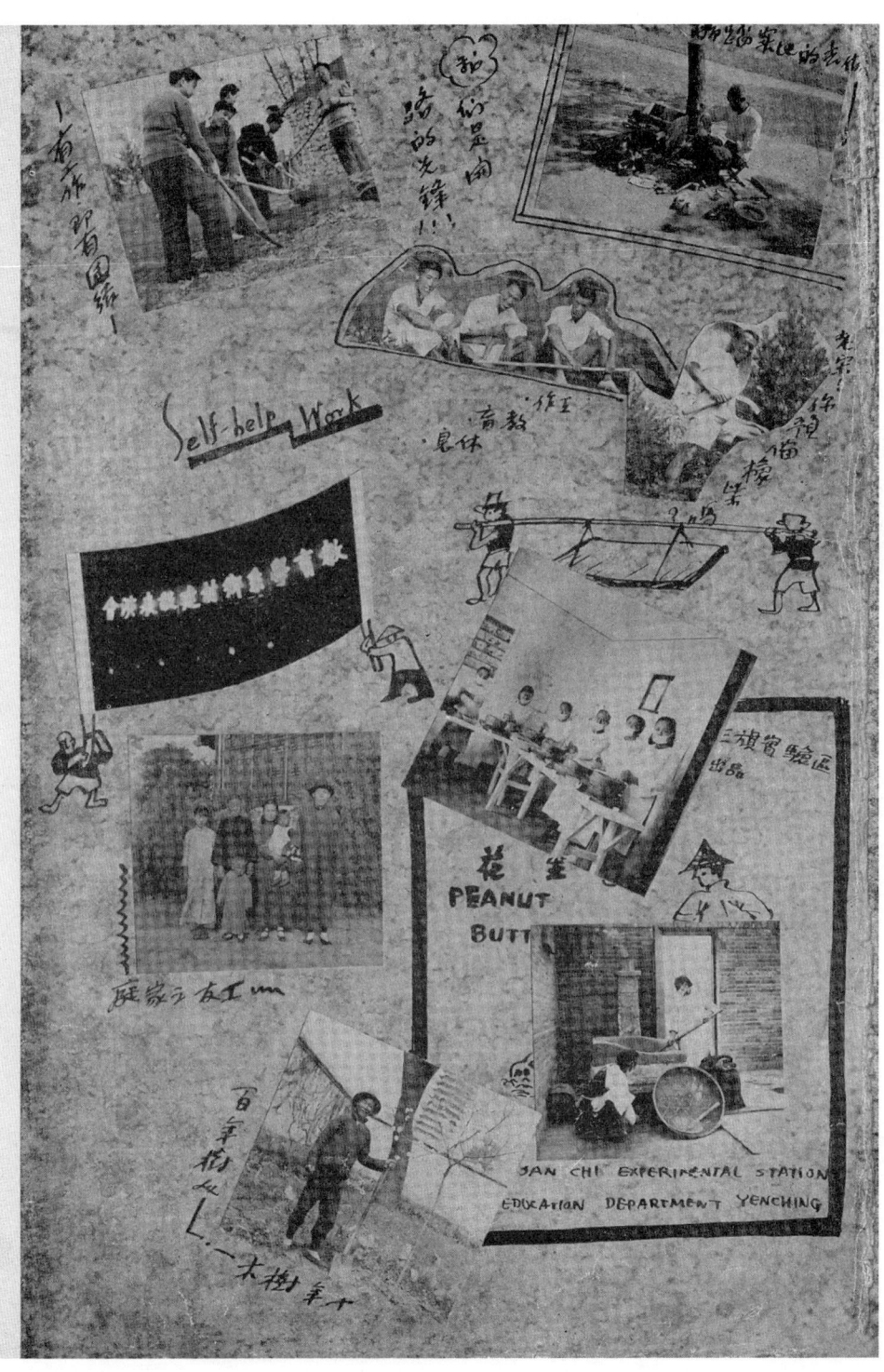

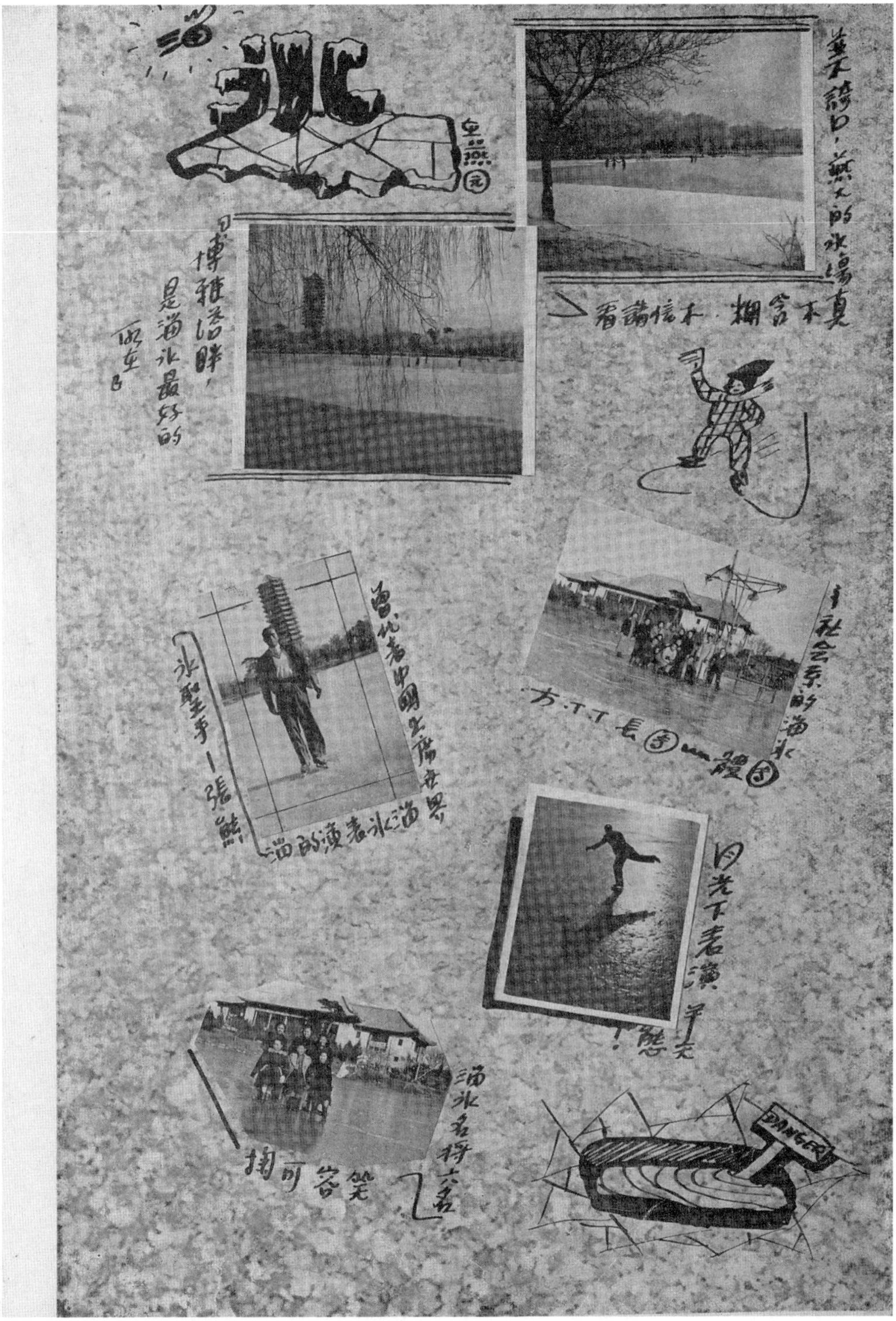

冰

燕大的冰场真大，不看请信不

这是滑冰最好的博雅塔畔

社会系的滑冰方丁丁长（？）礼（？）

滑的真澳害滑水溜兒看吧！中国生意大王滑冰王一张熊

月光下看演平无！

溜冰者特六名捆可咎笑

DANGER

燕大年刊一九四一

133

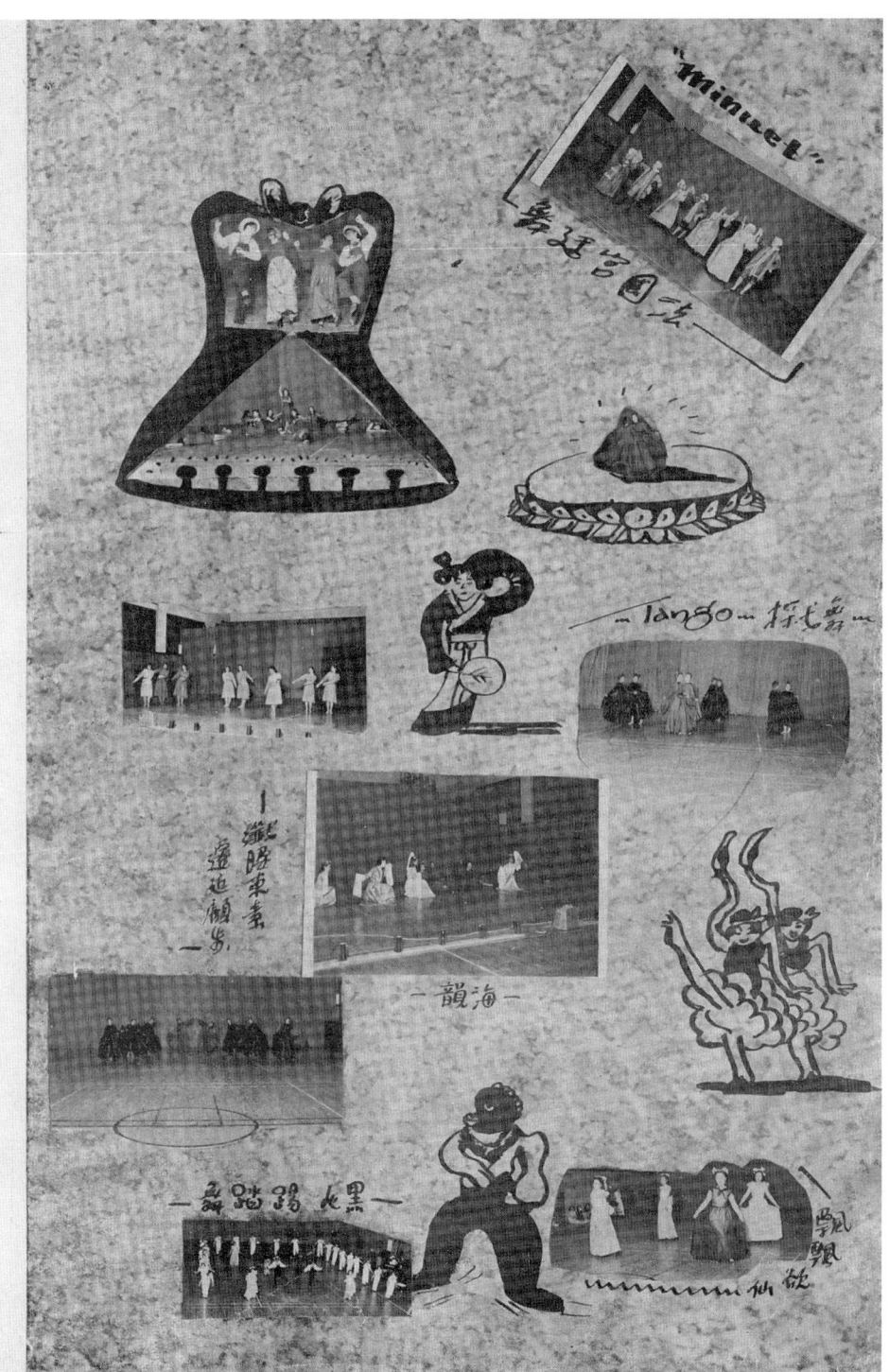

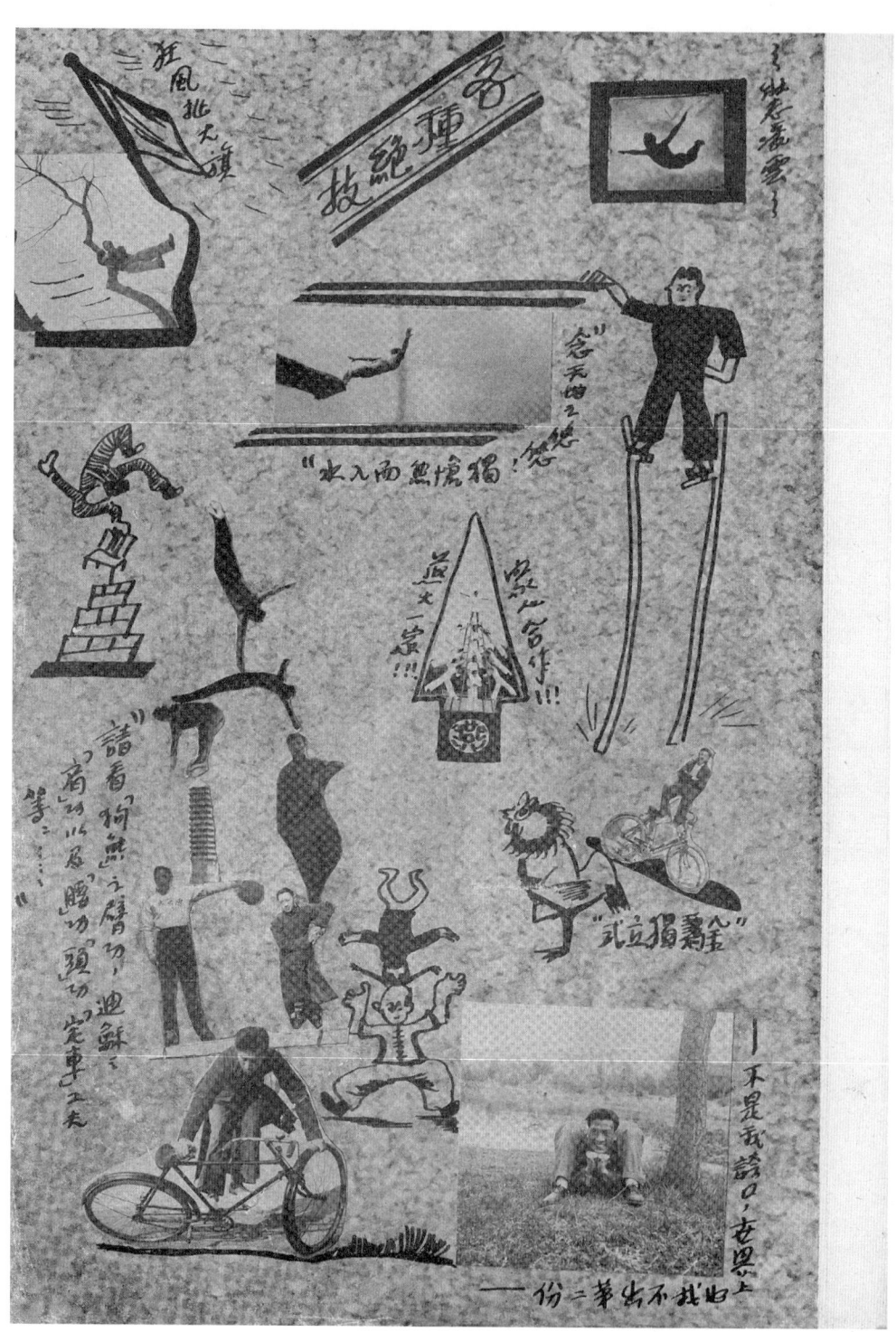

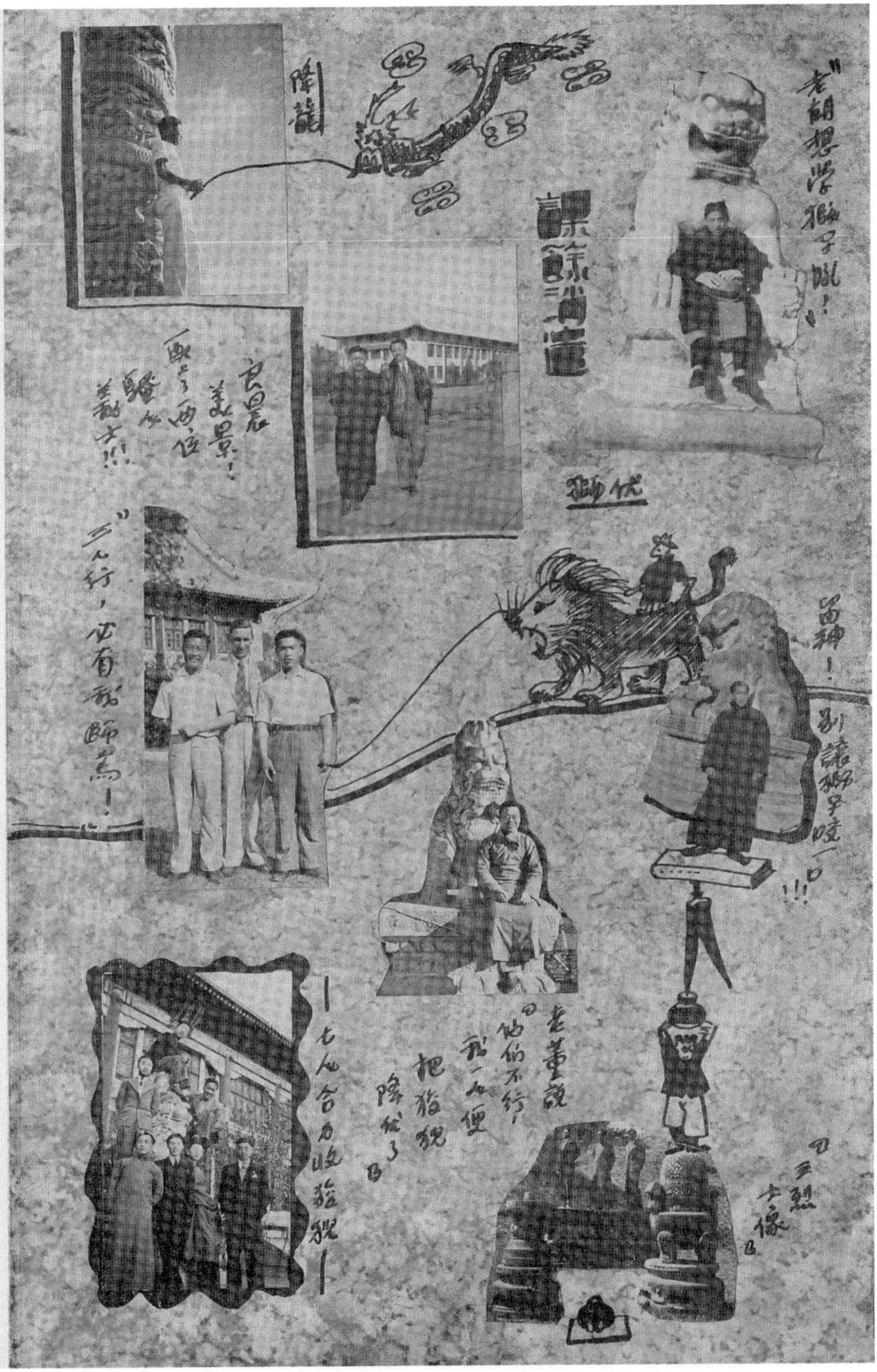

課餘消遣

降龍

"老師想學猴子呢!"

良辰美景!
歐老夫西施
驗份養勒士!!

三人行,必有我師焉!

留神!別讓獅子咬了!!

老董說
仙們不行
我不便
降伏了

四烈士像

一多人合力收拾牠—

一或到操场上锻炼一下。

一饭後到图书馆翻翻新杂志。

一走廊上也可以消磨一下午的时光。

× 小姐在屋吗？

一送回宿舍—

一热闹的打整入看。

远清的巴Bridge 有只结亮十

然後……寻那

一梦是的甜甜

一忘剩了一炉的烟。

"在天作比翼鳥
在地作連理枝"

全校運動會圓滿閉幕
團體操遊行盛況空前

- 兩個都是摘冠軍的武大威
- 小胡之跳遠及三級跳也比不了西
- 長跑健將
- 鐵餅
- 撐桿
- 另一角落
- 啦啦隊

燕大年刊一九四一

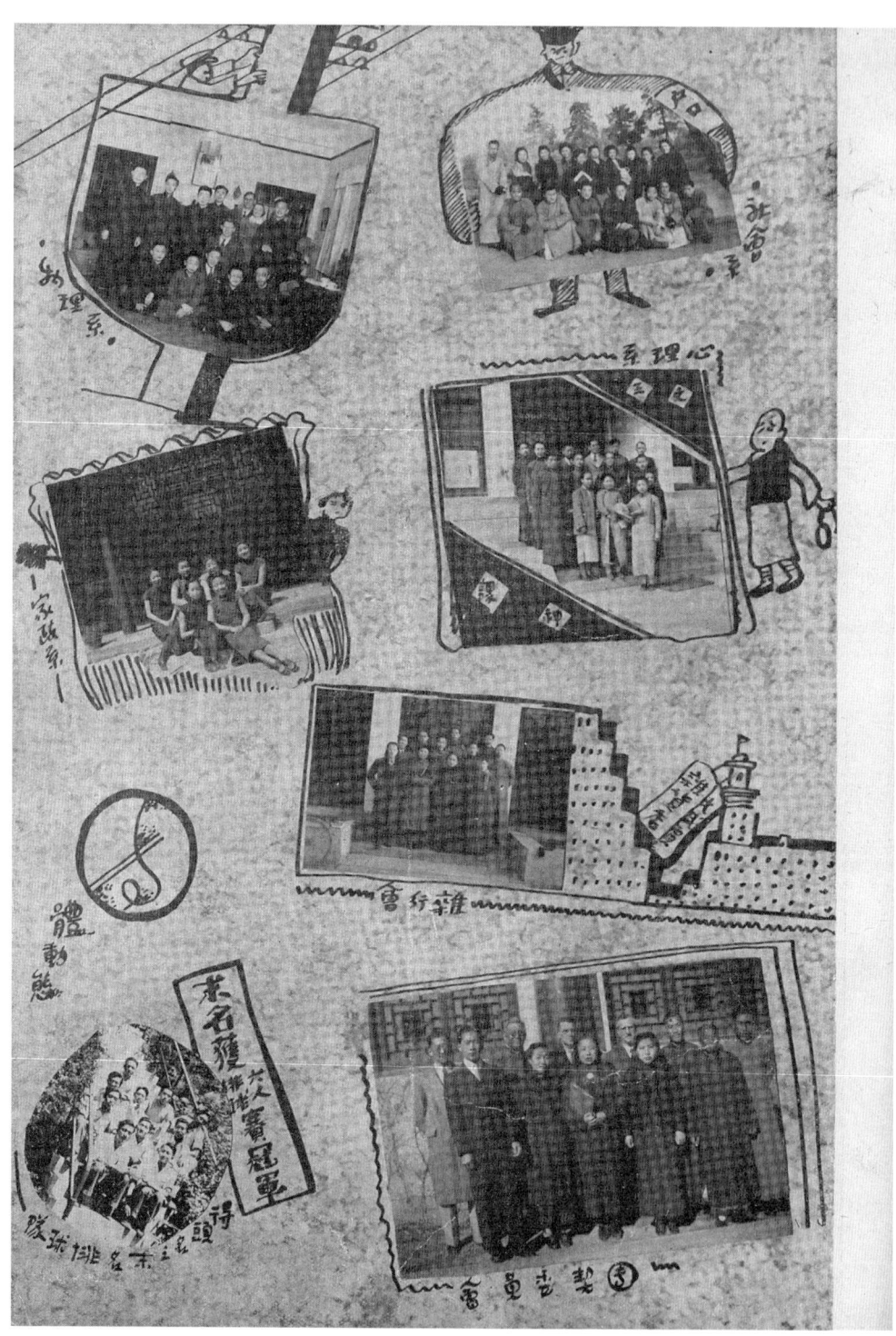

燕京水星社

团体之一部

m数学系

m经济系巨头m

m教育m

大同

山西同乡会

西语系演剧

燕大年刊一九四一

故級友 鍾書鉻女士

小傳

書鉻女士，申江人氏，自幼隨橋萱北上，其時女士之任職話於石家莊，女士遂就讀於石門扶輪小學，及至春入自滿女中，全家始束裝返滬居故都。

女士秀外慧中，性溫柔，寡言笑，見人常含笑相迎，從無慍容，心思週密，過事謹慎勤學耐勞，素為同學等所飲仰。

女士遊學新枝後，各科朝勉不倦，西無懈怠，大社會學系，在校京加深篤勉讀，一九三七年夏女士畢業於月滿高中，昆美杖考如燕。

一九四〇年春女士抱恙，重我得來意不起，嗚呼鉻友，慈風天何待汝如此之薄耶。

李槐青謹誌一九四二

燕大年刊一九四一

155

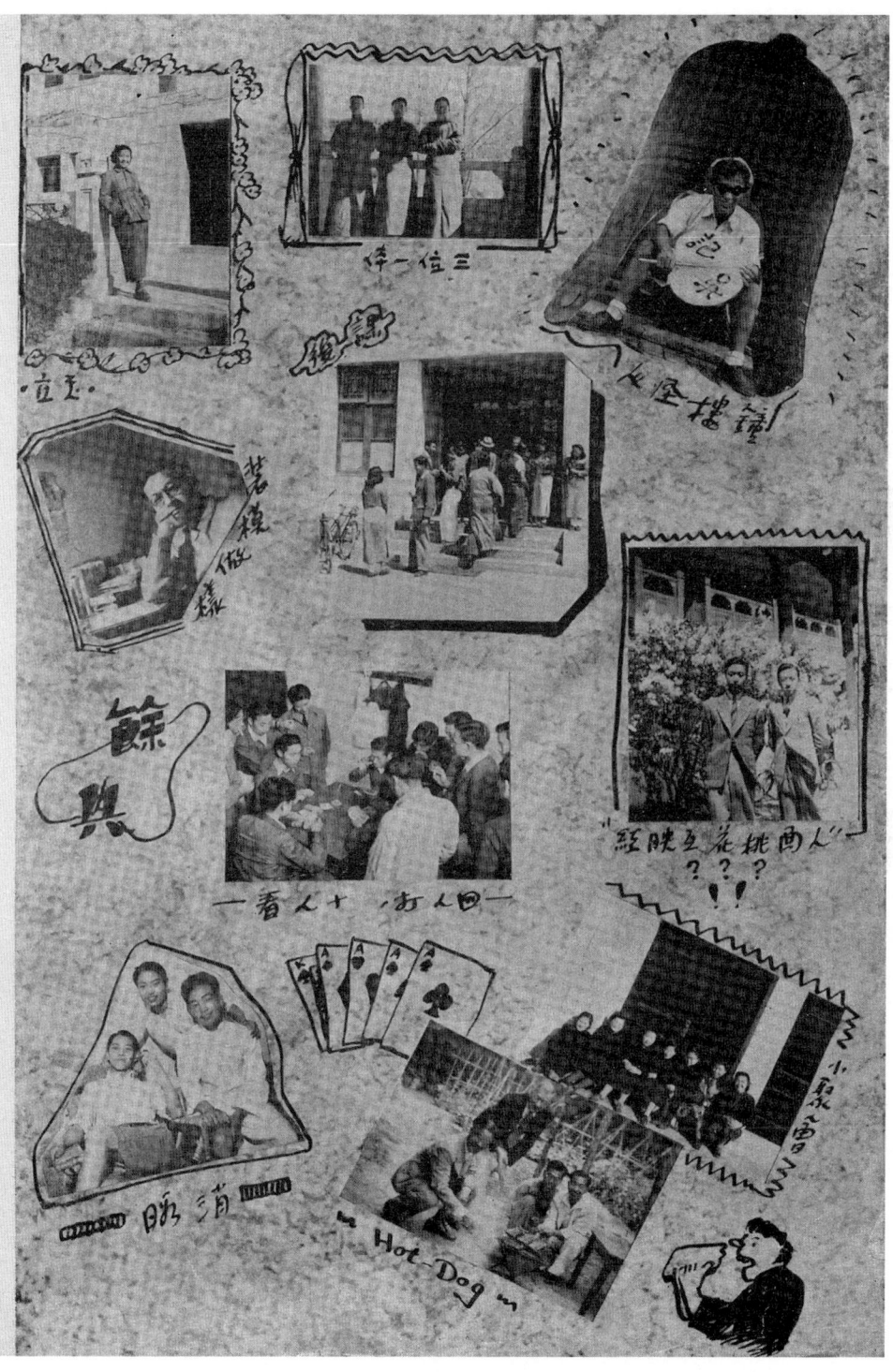

班旗 燕 1941

燕大年刊一九四一

書中夾籤

班旗

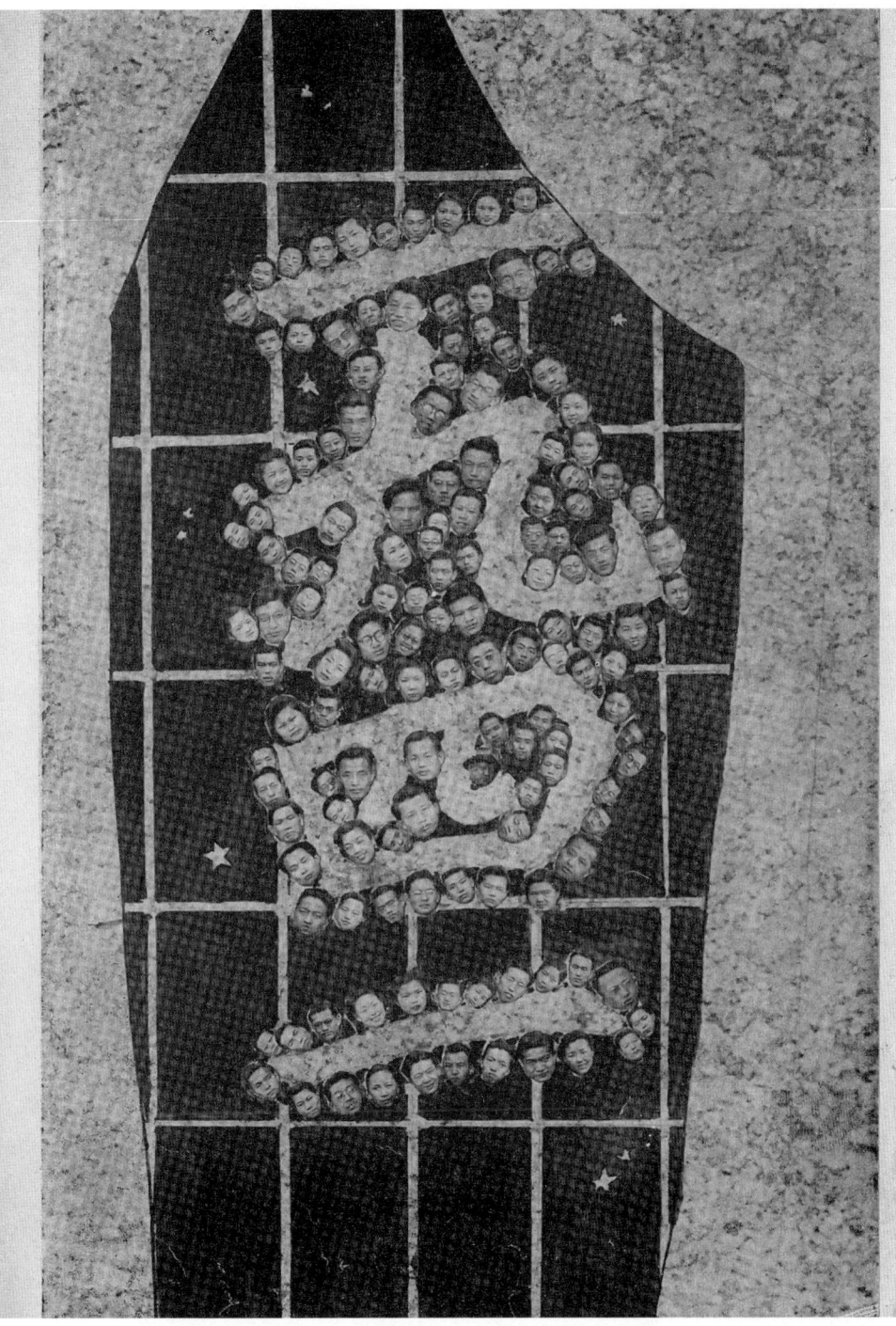

燕大年刊一九四一

一九四一班全體合影

中文部

北京大學圖書館藏老北大燕大畢業年刊（十）燕大卷

法學院

學 生 會 (新)

一九四一年刊委員會

一九四一年刊委員會

主　　　席：張福騈

中文文書：秦佩珩　　英文文書：吳興華
會　　計：張延祝　　庶　　務：周乃森
　　　　　張式騫

總　編　輯：李壽朋

中文編輯：王繼樸　　英文編輯：許邦興
　　　　　陳繼明　　攝　　影：吳宗澄
印　　刷：宋獻舜　　設　　計：蔡雲程
　　　　　朱　瑋　　　　　　　李　歐
　　　　　王兆榮　　　　　　　姚克安

籌款部主任：王世鈺
　　　　　　鄺瑞芳

籌款部委員：

馮傳鄂　方大慈　蕭雲禮　黃　鐘
謝國振　邱裕仁　黃　昆　伍恩亞
方則慈　劉峻峰　管玉琳　尹　襄
梁季同　方　烟

一九四一班同學通訊處

姓　　名	年齡	籍貫	通訊地址
張　福　駰	二三	河北天津	北平馬大人胡同三十一號
張　慧　貞	二六	河北灤縣	北平西城學院胡同一號
張　蕙　芬	二二	江蘇泗陽縣	北平地安門外方磚廠二三號
張　國　良	二四	遼寧黑山縣	北平東城匯文第一小學韓鐘奇轉
張　　　蘋	二七	江蘇武進	
張　寶　珊	二三	河北武邑縣	天津市特別二區致安里六十號
張　士　貞	二三	浙江紹興	上海公共租界天津路集益里七號朱宅轉
張　丕　瑩	二五	河北武清縣	本市西城屯絹胡同松鶴巷甲三十號
張　式　鶱	二五	遼　寧	北平府右街羅賢胡同二十三號
張　延　祝	二四	江蘇江都	北京東四北汪家胡同八號
張　延　珩	二四	河北深縣	北京宣外粉房琉璃街三號
趙　嶽　心	二二	浙西杭縣	本校燕東園三十六號
趙　奉　銓	二四	吉林永吉	
趙　德　貞	二三	山東蓬萊	天津英租界六十三號路慧德里十一號
陳　繼　明	二四	河北安新縣	北京地內碾兒胡同四十三號王宅轉
錢　進　明	二二	江蘇上海	府右街盔頭作七號
陳　培　昌	二三	吉林雙城縣	
陳　宗　寬	二五	天　津　市	天津西門內大柵欄四號
陳　東　生	二四	天　津　市	天津東馬路私一學校轉交
陳　一　霆	二六	江蘇江寧	北平趙堂子胡同十七號
陳　善　明	二五	江蘇上海	上海海格路衛樂園十五號
陳　永　齡	二三	江蘇淮陰	北平西四北受璧胡同十四號
鄭　文　超	二三	福建閩候	北平西城太平橋屯絹胡同廿一號
齊　耀　玲	二二	吉林伊通縣	北平安內後園恩寺一號
齊　恩　浩	二六	河北通縣	河北通縣南門內白將軍胡同十號
賈　恩　洪	二五	遼寧遼陽	北平安定門內花園廿四號；天津英界租六十號路福兆里六號
姜　源　清	三十	河北順都	
秦　肇　新	二四	河北灤縣	天津娘娘宮河沿德盛寶業廠
秦　佩　珩	二三	山東安邱	山東安邱高崖李家莊九如堂
周　貴　容	二二	遼寧蓋平縣	北京西城什八牛截四十四號
周　乃　森	二四	河北天津	天津英租界華蔭南里一百六十號

姓　　名	年齡	籍　貫	通　訊　地　址
朱　　璋	二三	浙江海鹽	北京旃檀寺西大街北炭廠甲七號
雋　文　友	三十	河北臨榆縣	秦皇島鐵道南鋼磚馬路十四號
范　迪　穌	二七	江蘇吳縣	蘇州喬司空巷九十號
方　大　慈	二四	貴州安嘯	北京西城松鶴巷三十號
馮　延　昌	二二	江蘇金壇縣	
馮　致　安	二四	河北豐潤縣	蘆台北東豐台河九十八號趙宅轉交
馮　傳　鄂	二二	廣東番禺	廣州西關三十五號
馮　寶　琳	二二	北　平	北平景山西街甲二十號
馮　繩　祖	二三	廣東南海	廣州德宣東路天平橫街七號
韓　光　遠	二四	河北豐潤	北京西四碼塔胡同內敬勝胡同東興公司轉
何　孝　允	二四	福建閩侯縣	北京東城黃城根三十一號
何　懷　德	二二	河北深縣	城府前吉祥胡同二號
賀　雲　戀	二五	遼寧清章	北京南池子十一號金宅轉
夏　修　永	二四	安徽當塗	北平東城史家胡同四十一號
蕭　樹　柏	二六	江蘇銅山	江蘇銅山南關下街益泰棧轉
蕭　雲　禮		廣東梅縣	Kedoeng Gedeh, JAVA, N.E. I.
謝　國　振	二四	河南商邱	天津英租界劍橋道五十八號　北京西城錦什坊街小水車胡同一號
邢　炳　南	二五	山西崞縣	太原南華門東四條一號
許　京　昌	二四	浙江瑞安	
許　邦　興	二六	浙江吳興	吳縣高師巷三十四號
許　維　翰	二三	河北薊縣	北京東城秦老胡同二號
胡　緒　鑑	二三	江西婺源	北平西城關才胡同貴門關六號
胡　立　賢	二五	浙江鎮海	天津法租界新華利里二十七號
胡　文　埠	二四	浙江紹興	天津法租界貴也里一號
黃　京　生	二二	福建長樂縣	福建長樂青山下村
黃　　鐘	二三	河北勞城	河北正定趙家鎮
黃　　昆	二二	浙江嘉興	北平西單新華銀行黃太太轉
黃　益　任	二三	福建龍西溪	Java Pemalang
高　恩　仁 Ralph M. Gult,	二六	河北通縣	To E. W. Galt, American Board Mission, -Pastingfu, Hopei.
高　景　城	二四	河北北京	北京前外甘井胡同九號
谷　銑　之	二三	山東文登	北京西城知義伯大院十號
郭　興　業	二三	安徽毫縣	北京西城石板房三十號
管　玉　琳	二二	山東省恩縣	北京佟府夾道甲三號

姓　　名	年齡	籍　貫	通　訊　地　址
關　肇　直	二二	廣東南海	北平西城學院胡同二十二號
老　瑞　樞	二五	廣東南海	香港皇后大道中十號
李　邦　琦	二七	河北天津	天津意租界五馬路二十六號
雷　耳　曼 Noah Serman,	二〇	Russian	51, Hsi piao pei htg. East City, Peking
李　　　溁	二四	河北安新縣	河北省安新縣城內西大街
李　際　成	二四	河北撫寗	河北撫寗馬家谷
李　效　黎	二三	山西離石縣	重慶中國銀行李效民轉
李　槐　森	二六	山西定襄縣	北京前內小牌坊胡同二十九號
李　淑　貞		河北通縣	河北通縣複興莊三十九號
李　希　聘	二五	河北天津	天津意租界五馬路二十五號
黎　秀　偉	二四	廣東南海	廣州豐章路一〇六號轉
李　　　歐	二四	四川秀山	北京東斜街昌堂門六號
李　培　崙	二一	遼寧寬甸縣	
李　壽　朋	二三	河北灤縣	灤縣古冶王輦莊
李　祖　承	二四	河北鹽山	北京安福胡同甲四十五號
李　維　城	二二	河北宛平	北京西郊海甸軍機處三號
李　慰　祖	二四	廣東南海	北京安內寬街小蘇州胡同七號
梁　治　煥	二三	浙江杭縣	北平內務部街二十號
梁　仲　謙	二六	廣東中山	天津英租界三十二號路臨河里八號
梁　季　同	二二	廣東高要縣	北平東城史家胡同五十七號
廖　增　祺	二三	福建閩侯	
林　　　雨	二四	福建閩侯	福州倉前山義倉里四號
林　瑞　良	二二	廣東梅縣	汕頭郵局林紹椿先生轉交
柳　正　輝	二三	湖南長沙	湖南長沙東鄉金井柳家冲
劉　士　鑑	二四	河北無極	河北無極縣古花村多壽堂交
劉　書　田	二五	山東濟南	北平鼓樓草廠六十八號
馬　維　藩	二四	河北灤縣	北寗路古冶趙各莊馬宅
毛　乃　鈞	二三	浙江黃岩	浙江黃岩子校場一號
牛　寶　成	二三	山西汾陽	山西汾陽城內南水井三號
歐　陽　駒	二二	廣東中山	北平西四馬家二條八號
龐　之　焜	三五	河北深澤縣	石家莊煤市街松記煤廠
裴　時　英	二四	安徽霍邱	北平西城石駙馬後宅三十九號
孫　季　良	二三	遼寧海城	北平內務部街二十號
孫　念　臺	二三	山東濟寗	北平宣外丞相胡同十二號

姓　　名	年齡	籍　　貫	通　訊　地　址
孫　嫻媺	二二	福建閩侯	北平東城大阮府胡同丙三十一號
孫　以寬	二三	浙江嘉善	浙江嘉善讓教里
宋　振玉	二六	河北安固縣	河北安固伍仁橋
宋　獻彝	二五	河北天津	北平西郊香山北辛村甲五十六號
鄧　霩箴	三三	河　　北	北平後門外興化寺街二十五號
鐵　霩論	二六	河北三河	北平前門外廊房三條十號
田　廣運	二五	河北灤縣	樂亭縣美以美會
田　樹潤	二五	河北豐潤	天津英租界香港路一二〇號
田　　淞	二二	北平市	北平西單報子街四九號
田　德全	二二	河北安次	北平西郊海甸冰窖十號
丁　修瑚	二五	山東膠縣	天津特別一區唐山路義儀里十二號
蔡　雲程	二四	江西南昌	北平宣內石駙馬大街甲十一號
曾　子臺	二五	四川重慶	四川巴縣歇馬鄉
董　繼瑚	二五	山西汾城	北平琉璃場英古齋轉
佟　明達	二四	北　　平	成府趙家胡同二號
翁　心植	二二	浙江鄞縣	天津英租界十九號路仁蓁里一號
王　知人	二三	河北高陽縣	河北高陽縣出岸村
汪　景岳	二五	河北北平	北平內東半壁街十三號
王　　和	二四	河北深澤縣	河北深澤西街
王　世鈺	二五	江蘇上海	天津特別一區二十三號路六十九號
王　文淦	二五	天　　津	北平東單蔴綫胡同三十三號
魏　世安	二六	江蘇江都	北平宣內石駙馬大街三十七號
魏　灼文	二五	河北樂亭	河北樂亭井家坟南園
吳　忠民	二五	河北雲夢縣	
吳　興華	二一	浙江杭縣	北平西裱褙胡同十四號
武　大民	二五	察哈爾涿鹿	察哈爾省涿鹿縣北關前巷
伍　德鼎	二四	江蘇武進	北平西城新皮庫胡同十七號
吳　宗澄	二二	浙江吳興	北平西城東斜街三十九號
楊　金齡	二五	河北天津	天津英租界五十六號路五十七號
楊　樹聲	二六	河北撫寧	留守營朱建玫
楊　思慎	二六	四川新津	四川新津花橋梓
姚　志堅	二六	山西晉城縣	山西晉城高都鎮福益永
姚　克安	二三	安　　徽	北平西城東觀音寺三十二號
于　文達	二六	河北天津	天津英界大沽路三〇三號

姓　　名	年齡	籍　貫	通　訊　地　址
王　淑蕙	二五	河北北平	北平東城大雅寶胡同寬街五號
王　春漪	二一	浙江永嘉	東四北船板胡同內財神廟胡同十四號
尹　　襄	二三	江蘇丹徒	北京西城後泥窪十一號
汪　克柔	二六	安徽歙縣	香港九龍深水埗福華街三十三號四樓

張	福	駢	英德海戰宣傳之研究
張	慧	貞	中國教育會社之研究
張	國	良	東北鐵路之變遷
張	寶	珊	現行保甲制度之研究
張	士	貞	近三年來之中國外匯問題
張	丕	瑩	中國海舶進化
張	式	喬	瑞典之合作運動
張	延	祝	戰時交通
張	延	珩	中國中央制度之沿革
趙	景	心	孫中山先生的經濟思想
趙	奉	銓	Absorption Spectrophotometic Study at Toxicarol and it Derivative
陳	繼	明	東方雜誌之研究
錢	進	明	學校問題兒童之研究
陳	培	昌	A study of the Factors Effecting Growth and development of the Fruit-flies, Drosophila Melanagaster
陳	宗	寬	A Translation of Wang Kuo-wei's *Jen Chien Tzu Hua* 人間詞話 With Introduction & Notes
陳	東	生	清人雜劇
陳	一	霆	Atmospheric Ionic Content at Yenching University
陳	永	齡	平郊某村廟宇宗教
鄭	文	超	Some New Homologs of Ephedrine
齊	恩	浩	A Study of Grain Marketing in Tunghsian
賈	恩	洪	唐均田考
姜	源	清	宋律考
秦	肇	新	The phase rule study of the addition Compound of organic and inorganic Compound

齊耀玲		北平協和教育部個案分析
秦佩珩		明代礦冶史署
周乃森		精神病學生個案的分析
朱璋		A Study of the University Wits
雋文友		定縣實驗縣與鄒平實驗縣比較之研究
范迪龢		事變前後江蘇吳縣農田租賦徵收概況
方大慈		北郊前八家村之鄉鴨
馮延昌		The Design and Construction for a Grating Spectrograph
馮致安		The Orgnic Acids in Chinese Leaf Vegetables
馮傳鄂		北京商業廣告概況
馮寶琳		明代文人結社考
馮繩祖		在中國實行合作農場之可能性
韓光遠		一個農家的個案研究
何孝允		我國糧食自給問題
何懷德		清代之會議制度
賀雲鸞		The Development of the Reproductive System of Lady Bird Beetle
何孝允		我國糧食自給問題之研究
夏修永		North China Foreign exchanges as an Illustration of the Theory of Purchasing Power Parity
蕭樹柏		各國在華鐵路投資政策
蕭雲禮		Modern Mercantilist Methods of the Third Reich in the light of European Mercantilist Theories and Practices of the 16th Century
謝國振		中國古代田制
邢炳南		平郊某村農具之研究
許京昌		自由貿易與保護政策

許 興 邦	Modern Development of the Chinese Revolutionary Propagada
許 維 翰	書法之研究
胡 緒 鑑	Tungsten and Molytdenum in Qualitative Analzsis
胡 立 賢	關於無形資產的研究
胡 文 埠	陸游詩研究
黃 鐘	The Preparation of Nephthyl Ethers
黃 昆	Heisenberg's and Schroedinger's Theories of Quantum Mechanics and their Equivelence
黃 益 任	Humeral Control of Body Height
高 恩 仁 Ralph M. Yalt,	A Program for the Christian Church in the Building of New Rural Communities in China
高 景 成	古文字分類研究
郭 興 業	北平婦女生活禮俗
管 玉 琳	中國的老年救濟
關 肇 直	On Riemaun's Theorem in the Comformal Representation
老 瑞 樞	Isogonal and Isotomic Conjugates
雷 耳 曼 Noak Lerman	The Application of Tensors to Circuit Analysis
李 溱	On the Theories of Planning Economy
李 際 成	基特的合作理論
李 效 黎	中國人口與土地
李 槐 春	醫院社會服務之功用
李 淑 貞	古代飲膳考
李 希 聃	蘇辛詞的研究
黎 秀 偉	李提摩太先生傳
李 歐	On Generalization of Simson's Sine and Image

			Sine togather with their Envelopes in the Inversive Geometry
李	培	崙	A study of the Vocobulary of English lessons For Senior Middle school
李	壽	朋	宣傳研究
李	祖	承	Absorption Band of Potassium in the Presence of Hydrogen
李	維	城	Absorption Band of Potassium in the Presence of Nitrogen
李	慰	祖	四大門
梁	治	煥	事變後華北合作事業
梁	仲	謙	西南交通事業
梁	季	同	中國古代農業考
廖	增	祺	Construction and Study a New Voltage Maltiplier
林	瑞	良	中國特別市財政問題
柳	正	輝	Polymerization of Acrloin in Gaseous State
劉	士	鑑	庚子拳禍綜錄
劉	書	田	Semi-micro Qualitative Analysis for the Iron-aluminum and Alkatine-earth Groups
馬	維	藩	民國以來之市政制度
毛	乃	鈞	物價之內在不穩定性
歐	陽	駒	間接成本之研究
龐	之	焜	The Gospel in the New Testament
裴	時	英	普學制——建教合一之改良方案
孫	季	良	華北統稅之研究
孫	念	臺	Thermodynamic Theory of Irreversible Electrical Phenomena
孫	嫻	媣	平市平郊婦嬰保健之推進

孫	以	寬	Cataphoresis of Corbon Sol.
宋	振	玉	Acetamido-alkyl-thymol Ethers as Analgesics and Antipyraties
宋	獻	犛	Some Important Features In Press Photography
鄧	鬻	箴	導生制之檢討
鐵		論	所得稅實施後一般之商業所發生之會計問題
田	廣	運	案禎虜冠交橫始末
田	樹	潤	The Causes of Leucopenia and Anemia
田		淞	中國實業銀行簡史暨業務狀況
田	德	全	The Study of the Physiological Control of the Mechanism of Defecation
丁	修	瑚	Sugar Tolerance in Rats in Relation to Diet
蔡	雲	程	中國消費合作事業發展之可能性
曾	子	犖	The Correlation between the Intake of Capsauthin and the Coloration of the Skin
董	繼	瑚	清代漕運之經濟研究
佟	明	達	Thermodecomposition of Hydrazine
翁	心	植	Extraction of Sex Hormones form the Urine of Praguant Woman
王	知	人	大氣電壓梯度記錄
汪	景	岳	燕大消費合作社之研究
王		和	北宋詞人用韻考
王	世	鈺	天津投機事業
王	文	淦	百貨商店會計制度之研究
魏	世	安	Semimicro Qualitative Analysis for Silver Group and Copper-Tin group
魏	灼	文	印度的合作制度
吳	忠	民	Absorption Spectrophotometric Study of Dehydrorottenone and P-dehydrorottenone

吳	興	華	On Chinese Poetry
武	大	民	華北交通股份有限公司之概況
伍	德	鼎	政治哲學
吳	宗	澄	唐代吐蕃考
楊	金	齡	信託公司業務之研究
楊	樹	聲	學徒教育之研究
楊	思	慎	成都平原水利史
姚	志	堅	Integration in Series With Special Reference to the Equations of Gauss, Legendre, Bessel, and Riccati
姚	克	安	華北之土藥稅
于	文	達	外蒙古問題
尹		襄	北京基督教女青年會
汪	克	柔	中國古代戰術考
王	兆	榮	英德空戰宣傳之比較

四年回憶錄

王　戟

一九三七年的秋天，我們考入燕京了。入校以後，環境更一天一天地變下去。我們像漂浮在風浪之中，雖有熱烈的希望和清楚的目標；但是，誰能忍得住不去懷疑這隻「燕京」號的航船究竟要把我們帶到哪兒去呢？能有勇氣走多遠？有多少馬力能行走？因此，不同的人又似乎都有一個同一莫可奈何的情調。安靜的燕園添了許多不安靜的心。記得有一天司徒校長請我們那些新人到臨湖軒聚餐的一個晚上，暗澹的燈光下，我們第一次見着這位有銀灰色的頭髮，精神矍鑠的長者，他的每一句鼓勵的言語都使我們有無限地感觸；正談話之際，忽然西山飛來一聲雷震，滿座的人都震驚了一下，校長不自覺地說出一句「風聲鶴唳，草木皆兵」的成語，一個長時間的沈默，每人在情緒上又塗繪了一層陰影。

因為戰爭的關係，南北交通斷絕，大部份舊同學不能返校，因此在五〇一人的總數中，新舊的比例是三〇九和一九二，權衡輕重，老大哥對於我們反倒成了小巫見大巫，所以「拖屍」的贈禮自然僥倖地被免除了；那樣多的新生，指導的人並不多，也沒有像現在的「新生指導週」之可言，在茫無頭緒的摸索之中我們碰壁的地方實在不少。一般普通的現象似乎異常荒涼。除開上班，課外活動只有些燕京輔仁球類賽，其他的團體稀少得可憐，團契契友只一百人左右，也沒有顯出什麼活潑的姿態；五百多人分住七樓（連宗教樓）五院，一人獨佔一屋的機會很多，「幽室一已閉，千年不復朝」，蕭條和孤寂，匪可言喻！在普遍的沉默當中，新人暗暗地送給燕京一種最有價值的禮物，那就是和從前迥乎不同的新風氣，一直到現在還常被人謳歌着的認為是光榮的「藍布大褂」和「埋頭讀書」。

在這樣的時局之下開學，開始頗不容易得到外人普遍的了解，甚至本校校友有人寫信回來說：「恐怕現在的燕大已不是從前的燕大了」，是以，校長才在當年十一月及十二月在北平和學校裏公開提出「真理與自由」的口號。可是揣測與聯想使謠言越來越多了。比如南京中央廣播電台十月三十日的廣播，就說「燕京同學二十人在海淀被捕，學校停辦」最奇怪的是：這類謠言在相距僅十餘里的北平城裏也會被人相信着，傳說着。

二十七年春季以後舊同學陸續歸來，新同學也不斷的增加，所以以九百四十二人的註册數打破已往八八四人的最高紀錄。去年秋天，總數竟躍到一〇八五人了；寢室由二人住一屋不夠，改成住蔣家胡同，蔚秀園七八宿舍，又改成三人一屋的「上下舖」，在量的方面，我們認為是登峯造極了。二十七年春天導師制的創辦，同年秋天工預的增設，二十九年秋季體育系的成立和高中部的開辦，以及鏡春園和海淀碓房居的購進，無論在學校的組織與地域方便，我們如何能不承認我們的學校是方興未艾？關於課外活動，成立的團體到現在在將近七十，包括了燕園的各階層的人士；團契有七百多個契友也真是一件破天荒的事；教職員的課餘團體亦日漸加多，和學生的成正比；各種刊物的發行，在精神上和知識上都是良好的補助劑；我們又如何能不相信「燕京不僅是一個大學」？

渡過這四年的關隘我們覺得頗費周折，雖然本身的實力漸漸雄厚起來，可是命運彷彿時時在同我們搏鬥，二十七年四月眼見着大陸車行的汽車停開，一羣一羣同學擠不上公共汽車的苦處，又眼見着學校自辦的汽車將這問題解決了；我們吃過九塊錢一月商人主持的包飯，可是二十七年秋天物價暴漲，米珠薪桂，飯食便成了絕大的問題，幸虧學校決定公私共同管理的原則，直到現在，我們雖然吃十九塊錢的「二夥」，和普通一般情形比較起來也算難得的了。二十九年秋天，因為國際情勢的惡劣，美國政府曾經數度勸告美僑撤退，一時又人心惶惶，又有燕京預備結束或與輔仁和併的謠言。但是時間是一個良好的裁判者，它證明了我們的學校依舊屹然獨立，並未動搖。

從一九三七的秋天到一九四一的春天，我們這些人見過許多的風景。渡過這凶濤萬里的海面我們是最不幸也許是最幸運的一羣。如今這「燕京」號的船隻畢竟將我們送到目的地，我們不得不忍痛離開它了。一九四一年啊！一九四一年的國際危機有增無已，我們由風聲鶴唳之中來，將在烽火處處驚的世界裏走了，留給學校的只是一個堅定的信賴和一種熱烈的希望。信賴學校的最高原則決不會變更，希望燕京的「真理」之杖會永久地傳遞下去，至於無窮！

●●● 關 於 本 刊 ●●●

例來年刊之籌備，總需一年或至少亦需半年以上的時間。一則是年刊對於畢業生是一種有系統的而內容比較豐富的紀念冊，爲達到這種目的勢必從長計議，以求圓滿；再則，習慣上年刊有代表學校的意思，不能潦草從事；他如經費之籌措，在短期之內，也不易有甚麼成就。因此，過去年刊委員會之成立，都在秋季開學後不久，本刊出版初議，亦遠在去年。

然以時局變化莫測，謠言時起，學校之前途每有不容過分樂觀者，同學心緒不寧，年刊籌備事宜，也就許久未能見諸實現。

今春開學以後，學校的一切還都照常，遠近的謠言漸漸消散。雖然國際局勢未見好轉，但出人意料的突然變化，像也不致發生。學校既本一貫的方針繼續，年刊自然不能中斷。級友等有鑒於此，遂起而再度協議進行事宜。經兩度全體大會之後，"一九四一班年刊委員會"遂告正式成立，時爲二月廿七日。

籌辦之初，編輯部即開始接洽印刷地點，<u>獻犛宗澄</u>兩君出力不少。到三月底，籌欵部已對經費有相當把握，三四星期之內，有這樣的成績，實在值得我們感激。經費有着之後，印刷接洽亦大致就緒，乃於四月五日由年刊委員會主席會同總編輯及印刷負責人，與和記印書館正式簽訂合同。編輯工作，才走上軌道。其中設計方面，事務最爲繁瑣，<u>雲程</u>，<u>李歐</u>，<u>克安</u>曾費很多的時間與精力，忙的時候，不免還要「開夜車」。

兩個多月努力的結果，年刊終於問世了。時間短促，自然要許多不能盡如人意的地方，盼級友們原諒。然而，在事務進行當中,師長的鼓勵,級友的熱心贊助,各部負責人的精誠合作,不能不在此地表示萬分感謝。

民國三十年六月二十二日　　李羽沉

北京金城銀行

北京分行	西交民巷	電話南局	四三二 三七六三
南城辦事處	西河沿	電話南局	二五八二 二五八三
東城辦事處	王府井大街	電話東局	一二九〇 二九七〇
西城辦事處	西單北大街	電話西局	七 一 九 二
北城辦事處	鼓樓大街	電話北局	三三三 九 四

新月食堂

西餐

點心

咖啡

地址：東安門大街真光對過

Phone 4638 E O.

Chao Yang Men St.

Peking

中華汽爐行
China Radiator Co.

Sanitanry and Heating
Engineers Radiator and
Bailer Manufacturers

三星襪廠

北京西長安街西口

經售上海A.B.C內衣廠出品

紗襪絲襪毛線襪
襯衫領帶雨衣外衣
球鞋被單童裝絨毯
西裝零件化粧香品
價廉物美歡迎比較

諸君！如要購買襯衫
請到 三星襪廠 來參觀
參觀吧

特設定做做部
聘請高超技師
工精價廉
尺碼準確
定期不誤

電話 西局·四〇三號
購貨立即送到不誤

同陞和鞋帽店

● 各種帽品　男女皮鞋 ●
● 行銷全國　處處歡送 ●

門市部

並京分店，東城王府井大街
天津總店，法租界梨棧大街
天津老店，估衣街中間路南
天津支店，法租界光明社旁
天津新店，東馬路北首路西

製造廠

天津法界二十一號路

Paramount Restaurant

百樂門大餐廳

First class restaurant with excellent European cuisine and up-to-date comforts.

Perfect service under special attention of the management.

Confectionary tinned foods and cigarettes are also sold.

48B Morrison street　　Tel. 5-0557

Peking

The Northern Printing Co.,

PRINTERS, BOOKBINDERS,
STATIONERS
AND
INDIA RUBBER STAMP MAKERS
No. 50 Soochow Hutung
HATAMEN STREET
Tel. No. 5-3025
PEKING.

本所在京西開設

燕京印刷所

YENCHING PRESS

（西苑掛甲屯一號電燕大分機三九號）

新華信託儲蓄銀行

民國三年設立

國內首創儲蓄

北京分行　　辦事處

前外廊房頭條

東城—王府井大街

西城—西單北大街

寶青春 BIOZYGEN

老牌酵母製劑

開寶強身　家常補品

美餚當前　無福消受

胃口不開。即消化不良之現象。日久以足以影響健康。致營養不足。面黃肌瘦。精疲力倦。衰弱多病。

「寶青春」是治胃靈藥，開胃寶鑰用。活性酵母及各種他命合製。主治胃氣悶飽脚氣病。功能開胃，強身補助消化。增加體重與食慾。男女老幼無不宜。

上海新亞製藥廠出品
均由華藥房經售
華北總辦事處
天津英租界十六號路十九號

北京
華英大藥房
The Shanghai Dispensary
Established 1884
Chemists and Druggists
108 Morrison Street
Peking
Tel. 5.0314

王府井大街一〇八號
電話（五）東局三〇一四號

久負盛譽　耳牛執女服向

茂華
女子服裝商行

呢絨：歐西英倫，名廠出品
皮貨：搜集殆盡，科學硝洗
華最新衣式，精心成做

皮呢成衣數百件，長期輪流展覽

京行：東城米市大街路東
津行：英界海大道中路西

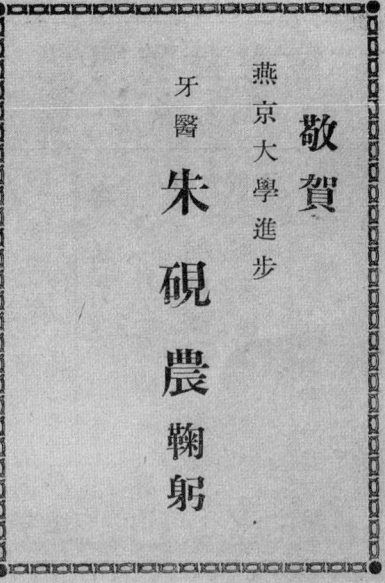

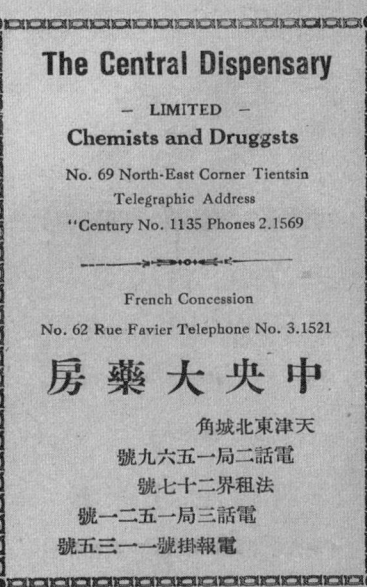

中南銀行

經營商業銀行各種業務

儲蓄部 基金穩固 會計獨立 利息優厚 種類繁多

地址 東交民巷益品大樓

電話五局 三三五八
〇〇四八
一八七八
一八七九

各大商埠均有分行及代理通匯機關

龍門聯合書局
北京分局

發行所 正誼西單商場二樓二一〇號

專售 各科影印西書

四大特色 印刷清晰 裝璜美觀 售價低廉 服務週到

批發所 琉璃廠一五五號 電南二五〇四

家庭良藥公司出品

本公司鑒於邇來藥價之昂貴診費之增高非一般普通病家所能擔負爰集合廿位醫學博士各本多年臨症之經驗合擬方案幷由藥學博士用最新方法製成各種良藥取價低廉公諸社會茲將已出各藥露佈於後

健康露 專治身體羸弱發育不全
閨靈寶 專治女子腰閼腹痛
小兒咳嗽露 專治小兒一切咳嗽痰喘
家庭油 專治消毒避瘟殺菌
亞斯芬止痛片 功能立止疼痛解熱強心

血壓靈 功能預防低血壓中風
家庭咳嗽露 專治傷風咳嗽氣管發炎
保胃金 專治消化不良各種胃症
平安利便丸 功能潤腸通便避免便秘

各大藥房均有代售

上海 徐順昌
HSU HSUN CHANG
FROM SHANGHAI
GENTLEMEN'S & LADIES' TAILOR
A19, Erh Tiao Hutung Tung Tan Pai Lo
PEKING

專做男女西服

北京東單牌樓二條胡同甲十九號

信誠銀號
HSIN CHENG BANK

辦理銀行一切業務
資本收足三十萬元有悠久歷史
辦理各種存款利息優厚
星期日照常營業存取便利
定期存款　半年：年息九厘　一年年息一分
另備按月取利息存息利息面訂

地址　北京　前外廊房頭條　電話南局二七一〇
　　　天津　法租界楊福蔭路　電話三局二七四三

建築工程材料

營業要目

製售磚瓦　石灰洋灰
各種木料　缸火磁磚
缸鐵鉛管　鉛板鐵筋
製圖設計　包修工程
油漆彩畫　設備裝修

阜民建築工材料工程股份有限公司

地址　西單臥佛寺街七號
電話　西局二〇一九號

北京
同生美術照像館

本館照片
張張都好

開灤礦務總局

烟煤焦炭、上等
火磚、缸磚、缸管、
營造磚、舖地磚、
及其他磚品

經理耀華機器
製造玻璃公司
所出著名耀華
白片玻璃

局址　天津英租界咪哆士道廿號

電話　總局　三三九零一號
　　　天津售品處　三二六六號

WITH COMPLIMENTS

PEI YANG DISPENSARY

TIENTSIN

明明眼鏡公司
規模宏大　設備完善

驗光準確

歡迎學界

◁明電流驗目寫眞▷

注意！

學業前途及畢業
幸福端賴目力若
威視疊羞弱脹脹
眼酸等症請即駕
臨明明負責補救
定使你非常滿意

以貨比貨
總是明明的貨高

以價比價
總是明明的價廉

地址：西單北大街路東

WITH THE COMPLIMENTS OF

C. G. DANBY

representing

MANUFACTURERS LIFE INSURANCE CO.
for Life Insurance.

GENERAL ACCIDENT FIRE AND LIFE
ASSURANCE CORPORATION.
for Accident, Baggage, etc.

ROYAL EXCHANGE ASSURANCE
for Fire, Motor Cars etc.

7 A ERH TIAO HUTUNG.
PEKING.
Tel. 50152.

偑菓林茶食店

天津特別一區大營門

應時糕點　洋酒罐頭

中外餅乾　高尚禮品

美麗裝璜　旅行便利

價值公道　遐邇馳名

大中銀行「按月取息存欵」

本行爲適應社會需要辦理

每月所取之息 備作家庭開支及各項需用 量入爲出 最經濟 最省事 最便利

一次存入
一萬二千元
六千二百元
六千二百元
一百二十元
定期三年 每月即可取利息
一百元 五十元 十五元

每月需要取息多少 均可聽便 依照上表推算
再定存本數額 中途需欵 隨時可做抵押

北京行址：東交民巷口
辦事處：西城西單王府井大街 東城北太平街
各地分行：上海 天津 東租界馬路 哈爾濱

眼光學師 周雲章 擔任騐光

中國首創第一家實業註冊部

精益眼鏡公司

地址

PEIYANG PRESS

北洋印刷所

LEGATION QUARTER

Phone: 52724 E.O.

S. DELCHIN

美龍洋行

Legation Quarter

Phone: 54426 E.O.

With Compliments

Tai Shan Insurance Co.

AGENT
CHUNG FOO UNION BANK
PEKING.

COMPLIMENTS

OF

THE FETTE,
RUG COMPANY

8 Tung Tan Erh Tiao Hutung

HEMPELS

HOTEL—RESTAURANT—BUTCHERY

Mixed Grills

Hatamen Street
  Hotel Phone 4452 E.

Cor. Chuan Pan Hutung
  Butchery 3521 E.

天津造胰公司

出品各種香皂　肥皂　皂粉　化粧品

牌子最老　使用最省　品質最高　價格最廉

主要品目

- 五福條皂
- 九天肥皂
- 單福肥皂
- 衛生藥皂
- 核桃香皂
- 檀香皂
- 萬麗霜
- 燙髮油

工廠　天津河北邵家園子

營業所
- 北京廣安門內千佛寺
- 天津東馬路東南角（電話二局五一六七）
- 法租界綠牌電車道（電話三局）
- 北京前門外觀音寺（電話南局二二二一）
- 東安市場北門內（電話東局八三）

上海商業儲蓄銀行 簡稱上海銀行

資　本　金——國幣——五百萬元
公積及準備——國幣——九百萬元

※辦理商業銀行一切業務※
※兼辦儲蓄　代理保險※

北京支行 { 地址　西交民巷　電話　南局三九六三　一六九 }

東城辦事處 { 地址　王府井大街　電話　東局三七七 }

太平人壽保險公司

怎樣可以增強個人的經濟信用？
怎樣可以促進伉儷子女間的恩愛？
怎樣可以鞏固家庭的經濟基礎？
怎樣可以永久保持住家庭的幸福？

唯有人壽保險乃解決上述四大問題的唯一方法！

保險種類　不及備載
各種章程　歡迎索閱

總公司　上海江西路二一二號
北京分公司　西交民巷一○八號金城樓　電話三○一六○

貽手保費專純　欵續費本家粹　迅簡克雄設華　速捷已厚計商

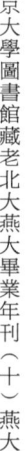

北京大學圖書館藏老北大燕大畢業年刊（十）燕大卷

208

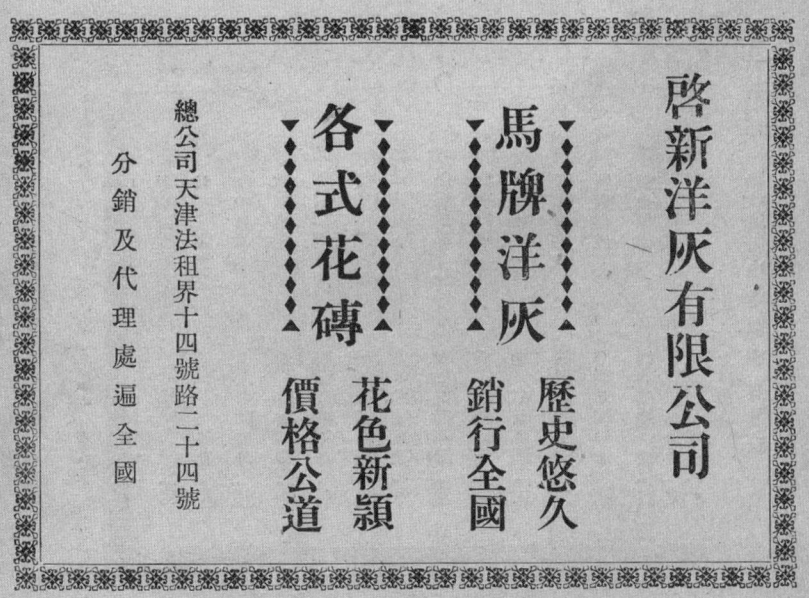

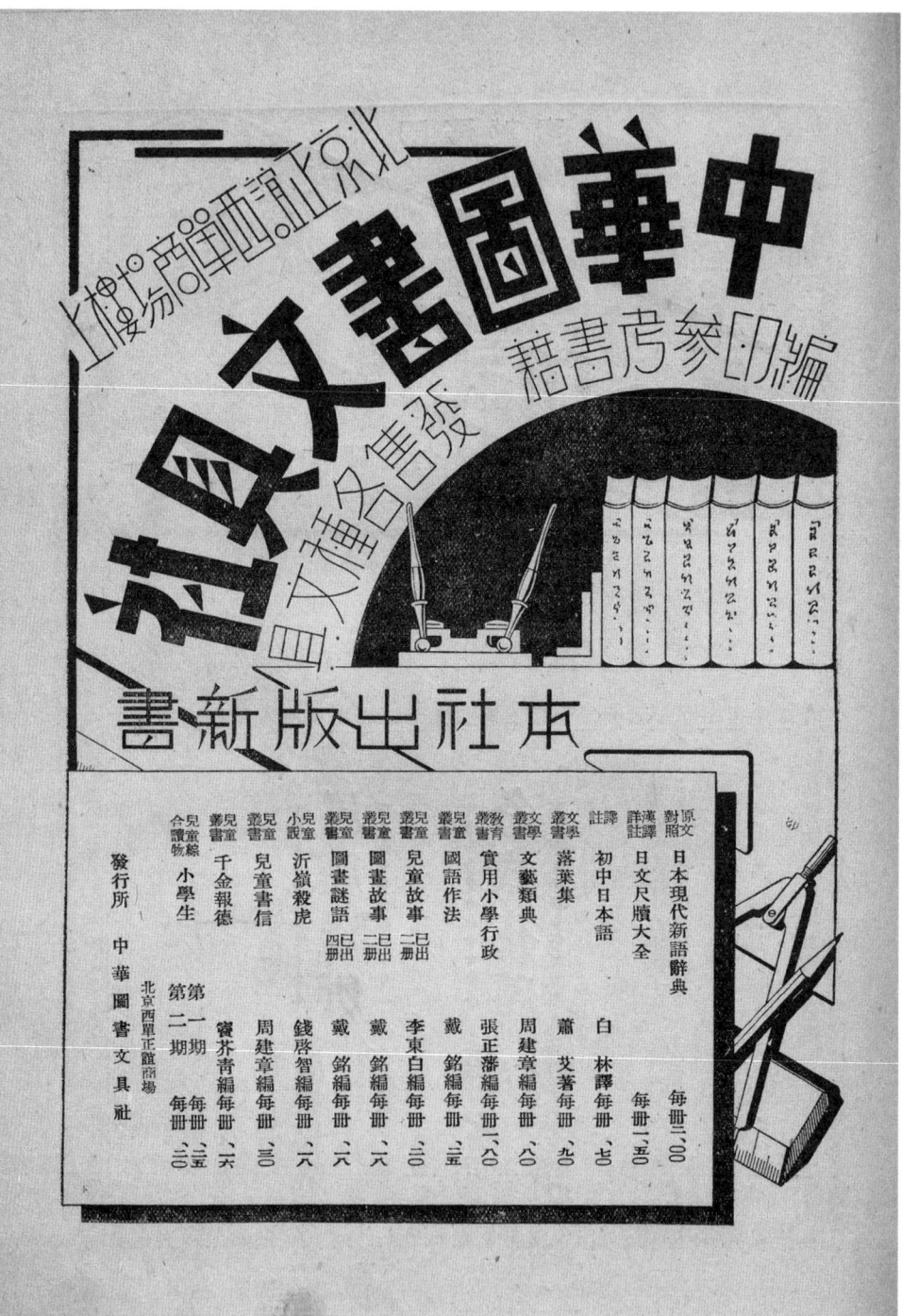

德盛窰業廠

出品

得勝牌

精細瓷器	耐火缸磚
高鋁火磚	雙釉缸管
隔電瓷瓶	牆面缸磚
衛生器皿	耐火火泥
耐酸陶瓷	鋪地缸磚

價目函詢　當為詳答

廠址及各售品處

總事務所 總批發處	電話　二〇〇九一八號 　　　三一五一八 天津娘娘宮東口河沿 電報掛號　有線四五二三 　　　　　無
天津售品處	天津河北大街南首 電話　六〇二五五
北京批發所	北京前門外大街濕井胡同甲二十六號 電話　南局一九〇〇號
上海辦事處	上海靜安寺路五九一弄一三五號 電話三八一八五　電報掛號四三三一
唐廠	唐山市電神廟旁 電話　二百四十四號
老廠	唐山北東缸窰
津廠	天津陳家溝鐵道旁 電話　六局九十二號
古廠	北寧鐵路古冶車站 電話　十四號

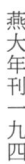

大陸銀行
The Continental Bank

辦理商業銀行業務

兼辦儲蓄存欵事宜

北京分行 地址 西交民巷

支行
- 燕京大學校內
- 輔仁大學校內
- 東四牌樓大街
- 西單牌樓大街
- 崇文門大街
- 王府井大街
- 地安門外大街

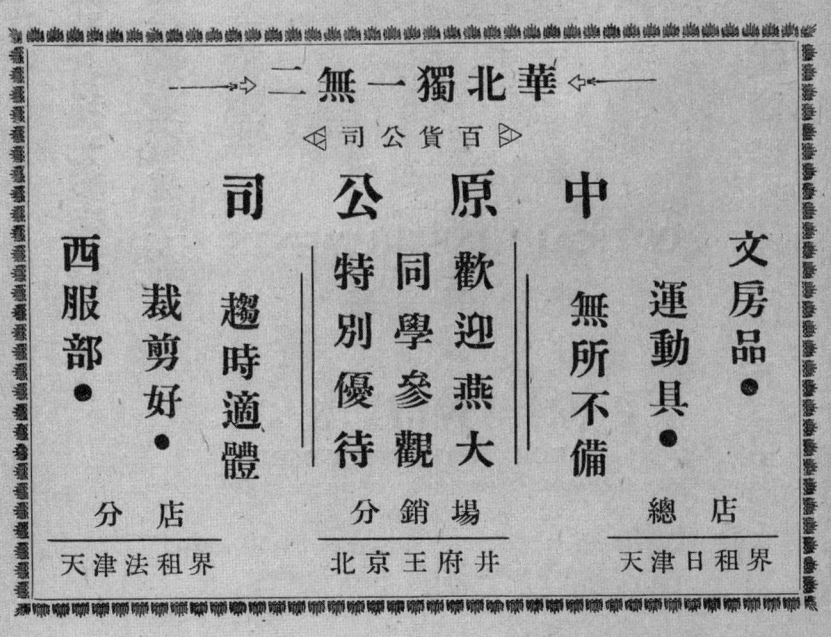

ZEISS

經理蔡司顯微鏡，測量儀及各種光學儀器。
理化試驗儀器，德國怡默克廠化學葯品
天秤及試驗室用各種磁器
經售德國各大名廠實業用品
中國總經理 德商禮和洋行 崇內大街十二號

OPTICAL INSTRUMENTS
光學部
電東五四九九四號
CARLOWITZ & CO.
LABORATORY-SUPPLY-DEPT.
12, Hatamen Street, Tel. 5. 4994
PEKING
General Agents for E. Merck Chemical Works Darmstadt,
Carl Zeiss-Jena and Zeiss Ikon-Dresden

天津春合體育用品製造廠

北京支店
昆明支店雲津市場

質優價廉
法規準確
種類萬全
最新貢獻

總號法界泰康商場

店址：北京西單北大街北口　　電話：西局三七四四

義興洋紙行

經理西洋繪圖紙類及製圖用具測量儀器文具批發
承印各種公文表冊銀行簿籍支票匯票股票一切印刷物品
統售中外各廠紙張印刷材料及軍政學商各界用品

地址　北京前外琉璃廠二百四十七號
電話　南（3）局二十七號

泰康汽油行

本行總經理美孚汽油光裕滑機油飛機汽油及美孚上高牙膏式擦車亮油各季汽車水箱防凍葯水黃白凡士林油大力呆油燭油老牌煤油普通輕機油及美孚一切書品均歸本行包銷並附設汽車需要零件及皮帶部歡迎主顧一概批發

行址　東四北三八號
電話　北局一五二四號

SHANG TAI YE & CO., LTD.

天津 **祥泰義** 新記
股份有限公司

General Store Keepers
Wine and Spirit Merchants

| 饋送親友尤為適宜 | 並備精美五彩禮券 | 南北雜貨零整批發 | 機米麵粉油糧海味 | 雪茄紙烟乾鮮果品 | 中外成藥化粧香品 | 廚房傢具西餐器皿 | 洋酒罐頭糖菓餅乾 | 自運歐美名廠食物 |

Telephone: 3.1240
42-44 Bruce Road British Concession, Tientsin
電話三局一二四零號
天津英租界十四號路老榮市迤西四十二號

榮寶齋 書畫文玩 南紙店

本齋經售時賢書畫喜壽屏聯南紙文具仿古詩箋印泥顏料圖章端硯一切文房用品物美價廉久蒙各界贊許如荷
賜顧無任歡迎

本齋主人謹啓

總店—北京琉璃廠
分店 南京 上海 天津

電南(3)二一一三 三三五二

稻香春 南味海貨 店

北安市場 隆福寺街 門內

電話 北局六一九五

精製應時糕點專備各種應節上品官禮自製各種蜜餞統辦各岡罐頭名酒呂宋香煙各種鮮菓

徽浙紅綠花茶中外各色糖果生熟火腿廣東香腸五香醬肉油雞醬鶏應有盡有
精美禮券饋親贈友非常雅觀

天津 同華金店

業務

金銀首飾 結婚禮品
中西器皿 精美禮券
珠翠鑽石 如蒙賜顧
獎牌徽章 無任歡迎

地址法界三十號路東首
電話三局二四〇九號

大泉襪廠

自織自售 比衆便宜 統辦環球 時代貨品

北京王府井大街 電話五一六八六
天津法租界二十七號路 電話三二七一三

男女絲襪 男女紗襪 各種襪套
男女毛襪褲 男女汗衫
棉毛衫褲 男女睡衣
風衣披肩 兒童游泳衣
乳罩用品 男女泳衣
西裝裙肩 男女毛衣服帽
陽傘雨傘摺扇 西裝背心帽
毛巾手帕 旅行提包
晨褸雨衣 手提吊帶
新花床單被單浴衣 領帶牙刷

福祿壽喜禮券 應時送禮佳品 京津通用 人人歡迎
北戴河海濱東經路

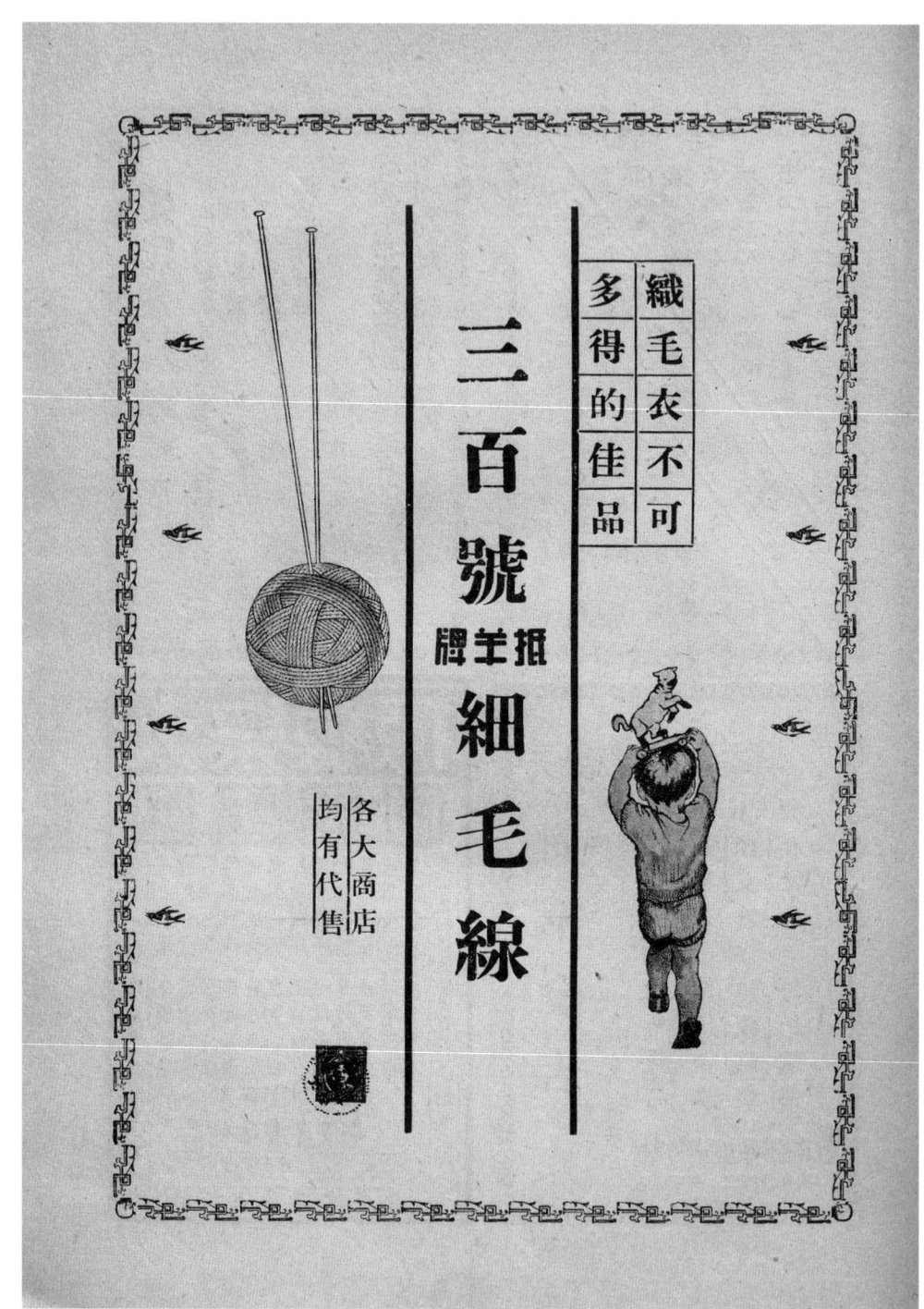

虎標

萬金油（主治）百病可治 四時咸宜

八卦丹（主治）止咳生津 潤喉化痰

頭痛粉（主治）頭痛牙痛 傷風感冒

神藥

新嘉坡虎標永安堂天津分行

▲法租界二十六號路門牌九號
電話 三局四一三三號▼

❋本埠外各中藥店西藥房廣貨莊雜貨店紙烟雜貨舖均有代售❋

中國農工銀行

資本總額 壹千萬圓
辦理銀行 一切業務

分支行 北京 天津 南京
上海 漢口 杭洲

行址

北京分行 前門西交民巷 電話 三四八二
東城辦事處 王府井大街 電話 三四八三
　　　　　東局 三六〇〇
西城辦事處 西單北大街 電話 西局八八六

▲北京東安市場東慶樓九號▽

同和誠百貨店

歐美名廠化裝香品
國產男女絲襪紗襪
各種毛織棉織衣褲
西服襯衫美麗領帶
居家旅行日用百貨
歡迎燕大同學採購

▲自動電話五局四〇四五號▽

Tung Ho Ch'eng

Departmental Store

Peking

Tung An Market

Phone: 5,4045

新建
時代化
弧光攝影
室專攝弧光
美術照片冲洗
加印放大包管滿意

東方照像材料行

各式像機照像材料
一概俱全

王府井大街三十九號
電話五(局)一七九八

E. GIPPERICH & CO.
興隆洋行

本行專營出進口曁存棧抵押放歇並
代理世界著名水火保險公司等業務

General Importers & Exporters,
Marine & Fire Insurance Agency,
Godown Keepers, Loan On
Mortgage.

Agents for:

Sandoz, Ltd., Basle.
The Ciba (China) Ltd., Basle.
Colgate-Palmolive-Peet Co., Shanghai.
The China Engineers, Ltd., Shanghai.
Dollfus-Mieg & Cie, Mulhouse.
Pillsbury Flour Milling Co., Portland, Oregon.
Maple Leaf Milling Co., Ltd., Vancouver, B.C.
Atlas Assurance Co., Ltd., London.
The Home Insurance Co. of New York.
Phoenix Insurance Co. of Hartford.
Western Assurance Ce., Ltd., Canada.
Essex & Suffolk Equitable Insurance Society Co., Ltd., London.

Address: 52, Taku Road, B.C., Tientsin.
Telegraphic Address: Gipperich, Tientsin.
Tel. Nos. 32449, 33851, 30481, 30483, 30783, 34038.

北京 福羅洋行

專售歐美呢絨綢緞
承做男女西服大衣

歐美教師裁剪
樣式特別新美

FORTUNE STORE.
10 Pei Chiu Tze. PEKING.

電話五局三三三號
地址北池子南四號

COLUMBIA
CHOCOLATE & CANDY FACTORY

哥倫比亞糖菓

△是大衆的必須品▽

助消化
增食慾

在本校
合作社 代售

諸大商埠各食品店均有代售

浙江興業銀行
NATIONAL COMMERCIAL BANK

辦理銀行信託儲蓄業務

總　行　上海北京路
天津分行　法租界梨棧
北京支行　前門內新大路
電話東局〇三三七一。

愛護君之目力
宜戴準光眼鏡

大明製造眼鏡公司
王府井大街市場西門旁

THE NATIONAL CITY BANK OF NEW YORK

Is the bank of many of the largest business houses in the world, It is also the bank of hundreds of thousands of small business houses and families and individuals of modest means.

Established over 125 years, it serves worldwide business interests through its own overseas branches in twenty-three countries and its close working arrangement with thousands of correspondents everywhere.

PEKING BRANCH: LEGATION STREET

With the Compliments of
"SHELL"

The Asiatic Petroleum Co., (N.C.) Ltd.
PEKING

Leitz

LEIFO–PHOTOMETER

with variable depth of strata

is used for:

1. Extinction measurements
2. Determination of colorimetric and nephelometric concentrations
3. Determining the Hydrogene Ion Concentration (pH measurements)
4. Lustre measurements of papers or similar objects
5. Light transmission measurements on solids
6. Density measurements on plates and films
7. Trichromatic measurements on solids and liquids in incident and mitted light

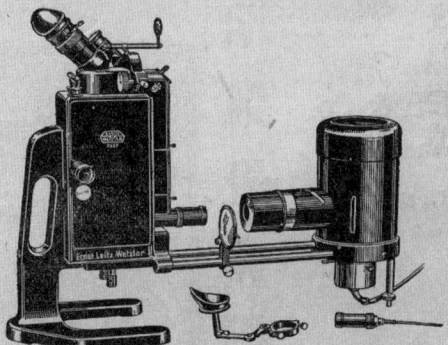

Sole Agents:

SCHMIDT & CO. LTD.,
1 Hsi Tang Tze Hutung,
Peking.
North of Y.M.C.A.
Telephohe Nos 5-3163, 5-3949

華北實業商行
North China Industries

General silks, wools, cotton cloth, furs and all kinds of furnishing materials. at reasonable prices.

Information address as: North China Industries.

15, Chun Sha Hutung,
East-city, Peking. China.
Tel. 5-4065.

王府百貨店
WANG FUU DEPT STORE,

電話（五）一四八〇

王府井大街四十七

Toilet Supplies, Jackets, Spring And Rain Coats, Every Kind of Shirts, Socks, Stockings And Other Modern Daily Necessities

Just Arrived.

No. 47 Morrison Str.,
Phone 5 1480 E.C.

H. T. BEE & Co.
General Exporter & Manufacturer

JADE, CURIOS, JEWELRY
Peking:Arts, Stone Ornaments, Etc.

Various styles　　Moderate prices

Temporary Office
54a Shang Erh T'iao Hutung
(north of Flower St.)
Outside Hatamen
Tel. 1956 S.B.O.

Permanent Office at
Flower Street No. 8
(After Sept. 1st 1941)

崇外上二條甲五十四號

華珍號玉器店臨時營業

With Compliments

of

The French Bakery

& Confectionery

23 Hataman Street Peking
Phone 50437

COMPLIMENTS
OF
STANDARD - VACUUM OIL CO.

美孚行汽油及茄高牌無比油為世界所歡迎

燕大校友創辦
◁▷三和科學商行◁▷

北京
東四南大街一八九號
電話東局一四二五號

經售歐美名廠化學醫藥用品及化工業藥品料外玻璃科學製品理器械及各種儀器電氣材料如蒙賜顧無任歡迎

A. C. HENNING & COMPANY
SHIPPING & INSURANCE AGENTS
45, Wai Chiao Pu Chieh,
Peking, China.

Agents for:
　CIBA (CHINA) LTD.,
　　Pharmaceutical.& Dyestuff,
　Shipping & Insurance,
　K. M. A. & C. P. R. Steamship Tickets,
　Lloyds sub-Agents, "Izal", & "Kymol"
　Roofing & Mastipave,
　Paints, Varnishes, Enamels, Etc.,
　Electrical Supplies,
　Nicholson File Co. New York,
　"Underwood" Typewriters, Expert
　　Mechanics on staff

Tel. Address "RINCHEE"　　Branch Offices at
Phone 50821　　　　　　　　TIENTSIN
　　　　　　　　　　　　　　16, Rue de Paris

本行經理瑞士汽巴化學廠各種藥品顏料代理各火火保險輪船公司售票經銷屋頂油毡地皮油漆電材料五金雜貨打字機並聘專門技師精修各式打字機器

仁記洋行

北京外交部街四十五號　電話 50821
天津法界五號路十六號　電話 32731

Whiteaway Laidlaw & Co., Ltd.

Tientsins most popular

Departmental store

Largest selection

Lowest price

Whiteaway Laidlaw & Co., Ltd.

Victoria Road—Tientsin

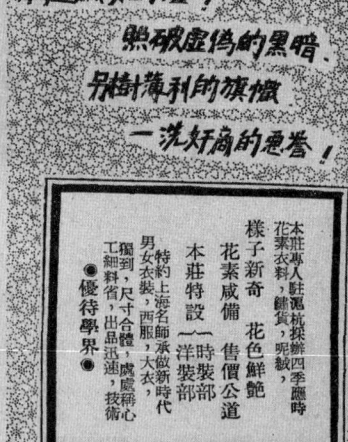

舉起誠實的燈，
照破虛僞的黑暗，
另樹薄利的旗幟，
一洗奸商的惡譽！

本莊專人駐滬採辦四季應時花素衣料，綢貨，呢絨，樣子新奇　花色鮮艷　花素咸備　售價公道
本莊特設一時裝部
特約上海名師承做新時代男女衣裝，西服，大衣，獨到，尺寸合體，處處稱心
工細料省，出品迅速，技術
●優待學界●

麗豐綢緞莊　總店…王府井
　　　　　　支店…煤市街

GRAND HOTEL **DES WAGONS LITS** **PEKING** ——— An establishment where the qualities of a high class modern Hotel are combined with the comforts of your own home Cable: WAGONLITS	WITH THE COMPLIMENTS OF **Hirsbrunner & Co.,** **(Peking) Ltd.,** 7, Rue Marco Polo. PEKING.
明明照像館 東安市場	**Bryner & Company** Legation Quater **PEKING**

就求實公司煤棧

南號 代銷奧中公司各種有烟無烟石炭 門頭溝中英煤礦各種塊末煤球 電話南局三六二○號直外西城根二十五號 批發零售一應俱全貨精價實定期不悞

東號 代銷奧中公司各種有烟無烟石炭 門頭溝中英煤礦各種塊末煤球 電話東局三六七○號東直門北城根八號 批發零售一應俱全貨精價實定期不悞

平安公司

本公司經銷井陘正豐等礦有烟無烟紅煤及山西陽泉無烟煤歡迎賜顧

開設北京東交民巷三十九號 電話東局二三○五號

裕和公司

經銷井陘正豐等礦有烟煤及山西陽泉無烟煤貨真價實歡迎賜顧

北京西城大將坊胡同九號 電話西局八九七號

新泰煤棧

辦事處 北京廣安門內老君地甲1922號
本棧承銷奧中公司各種石炭暨山西陽泉
無烟煤炭等礦有烟煤炭批發零售歡迎主顧
本棧貯灰廠 北京廣安門內南綫閣
電話南局九六號

公興成煤棧

烟煤 元煤 紅煤 白灰 毫煤塊 毫煤棊 一律低價批發

地址 宣武門外西城根五十號電話南局三百七十三號
貨廠 崇外北河岸八號電話分局三百七十四號

天豐煤棧總號 西直門外清華園車站

本號開設京市二十載經售井陘正豐等礦有烟煤及山西陽泉無烟煤貨真價實歡迎主顧

△甘雨胡同分號
電話東受祿街甲十六號 電話東局三六七六號

△老錢局分號
電話東局七百十四號

福中煤業公司

本公司開設三十餘年經銷井陘正豐六河溝開灤各礦烟煤及山西陽泉紅煤中英爐塊明煤坨里青白石灰馬牌洋灰

開設北京順治門外西城根一號 電話南局營業部二八四○○
開設北京崇文門外西月墻 電話南分局賬房六二六○○

成興順灰煤棧

北京阜城門外北城根八號
電話西局九一二二號

裕泰成煤灰棧

本棧開設三十餘年經售中英煤礦爐塊
各山西紅煤末白灰青灰定價克己歡迎賜顧
井陘正豐六河溝烟煤井其他

燕大年刊一九四八

本年刊全名"燕京大學一九四八級年刊",封面題名爲"燕京年刊1948",燕京大學一九四八級年刊委員會1948年6月出版。

本刊扉頁有贈書題記:"母校法學院惠存,一九四八級敬贈,卅七,六月。"並鈐有"燕京大學一九四八級年刊委員會"朱文橢圓印。可知此爲當年一九四八級贈送給燕大法學院留念的。扉頁另鈐有"法學院圖書館,Yenching University, Public Affairs Library"藍色圓印和"燕京大學圖書館藏印"紫色方印。據此可以大致瞭解此刊的流傳情況:先由燕京大學法學院圖書館收藏,後轉入燕京大學圖書館收藏。

本刊題名頁仍鈐蓋有燕京大學圖書館和法學院圖書館藏書章,並印有英文校訓:Freedom Through Truth For Service。

題名頁之後是校歌和"級史"。"級史"由燕京大學一九四八級級會主席沈明霞撰寫。沈明霞,江蘇吳縣人,1948年燕大政治系畢業。本級畢業生1944年9月入成都燕京大學,1946秋回"燕京故園",故"級史"稱"四年艱苦之共聚乃與往昔數十年來燕京在平校各班所享之安順恬寧之大學生活迥異。故捨此則亦無以道述本班之特質;校務長竇維廉先生稱本級係燕京最後一批之War Class,最能包容其意"。讀"級史"可知,1948級最初入校時僅40餘人,到大三時"人數驟增",來源"有他校轉入者,有戰後復學者",同學年齡"相差有達十歲之多",同學中各種經歷皆有,"有於戰時參加遠征軍,青年軍者，有曾充任翻譯官於印緬境軍中工作者，有投效空軍者，有於社會中工作多年者……有於戰火方息，深閱人生艱辛苦樂之後，重投燕園懷抱之士"。故"其綜合性之大，遂構成燕京校史上前所未見之特殊現象"。一九四八級畢業生入校時抗戰尚未結束，畢業時內戰全面爆發已近兩年。因此"班史"感慨"面對動盪之世，返顧四年陳跡，蒼茫之感，寧有日哉！"

"班史"之後，刊登有"一九四八級級會"和"年刊委員會"成員名單和照片。隨後是年刊總編輯陳堯光所寫的英文前言 *Regarding This Annual*。前言開篇指出，太平洋戰爭爆發後，有七年沒有出版《燕大年刊》，主要原因在於財政的困難，以及同學們認爲戰時有比印製年刊更需要的投入。據此，可以確定，本年年刊是1941年之後的接續，中間1942—1947年沒有年刊。前言也説明，此時出版年刊與抗戰時一樣困難，但是1948級願意接受挑戰，並很幸運地完成了任務。

本刊的內容主要包括：校景、教職員、畢業生、畢業感想、畢業論文、永久通訊處等。應屬於1928年改爲《燕大年刊》後內容最少的一年，與上一期1941年年刊相比減少60餘頁。此外，本年刊印刷品質也不及之前的《燕大年刊》。這些都是當時國內政治經濟狀況的一種反映。

"校景"部分，刊登有照片17張，包括校區、西校門、博雅塔、華表、貝公樓、姊妹樓、未名湖俯瞰等校景，可惜印刷不如往年清晰。

"教職員"部分，首先刊登的是"燕大創辦人暨前任校務長"司徒雷登，並有司徒雷登的英文寄語 *To the Class of 1948*。司徒雷登指出，四年之中校內外充滿了動盪和憂慮，這些雖然不受歡迎，却也對畢業生教育有價值。

1946年6月，燕大開始復員工作，教職員方面既有恢復，也有變化。與1941年年刊相比，變化主要有：竇維廉（William H. Adolph）任代理校務長兼研究院委員會主席，蘇路德（Ruth Stahl）任女部代理主任，梅貽寶任文學院院長，嚴景耀任法學院代理院長，高名凱任國文學系主任，張東蓀任哲學系主任，沈迺璋任心理學系主任，夏仁德任教育學系代理主任，褚聖麟任物理學系代理主任，徐獻瑜任數學系主任，林耀華任社會學系主任，陳鴻舜任圖書館代理館長，……各系部主任之後，刊有年刊委員會顧問照片，以及委員之一陸志韋的贈詞。陸志韋在贈詞中説：" '你是世界上的光。'這比喻按如今説，比耶穌説的時候更有意思了。……人家見了你，有點愛你，要不然，至少有點怕你，你就是世界上的光了。"

"教職員"部分最後是新聞學系的學生代表金光德代表一九四八級寫的"道別辭"。金光德，四川南川人，本年新聞系畢業生，畢業後任教於南川師範，1949年元旦創辦《南川民衆日報》，1980年代任職於南川縣志辦公室。"道別辭"既有即將面對"昏濁與動亂"的彷徨，又有"站穩腳步和挺起胸膛而奮勇上前"的決心。

"畢業生"部分刊登了1948級106人畢業照，未交照片者10人，這樣本級總計有畢業生116人。這裏選擇幾位略作介紹。

研究院的陳舒永（1920—1990），1943年畢業於燕京大學心理學系，1948年獲燕京大學碩士學位，留校任講師。1952年任北京大學哲學系心理專業副教授、教授。曾任中國心理學會理事及北京分會理事長。

家政系的杜壽玢（1925—　），營養學專家。曾任北京協和醫院主任營養師、教授。

新聞系的鄭錫安（1922—　），曾任福建師大外語系公共外語室主任，國家教委自學考試全國英語專業委員會委員，福州英華外國語學院院長。

物理系的朱錫爵（1915—　），後爲中國地質大學教授，主要從事電工學與電子學研究。

家政學系的孟昭蘭（1926—2021），心理學家。1948年畢業後留校任教。1953—1955年在北京師範大學進修心理學。後歷任北京大學助教、講師、心理學副教授、教授，心理學系副主任。

畢業單人照片之後是各學會合影、畢業論文題目和通信錄。最後是"我們的感想",收錄畢業同學的臨別感言。

　　從"編後記"可知,本年刊1948年五月初才決定編輯,到六月底即完成編輯印刷,效率之高,在《燕大年刊》的編纂史中應該位居前列。

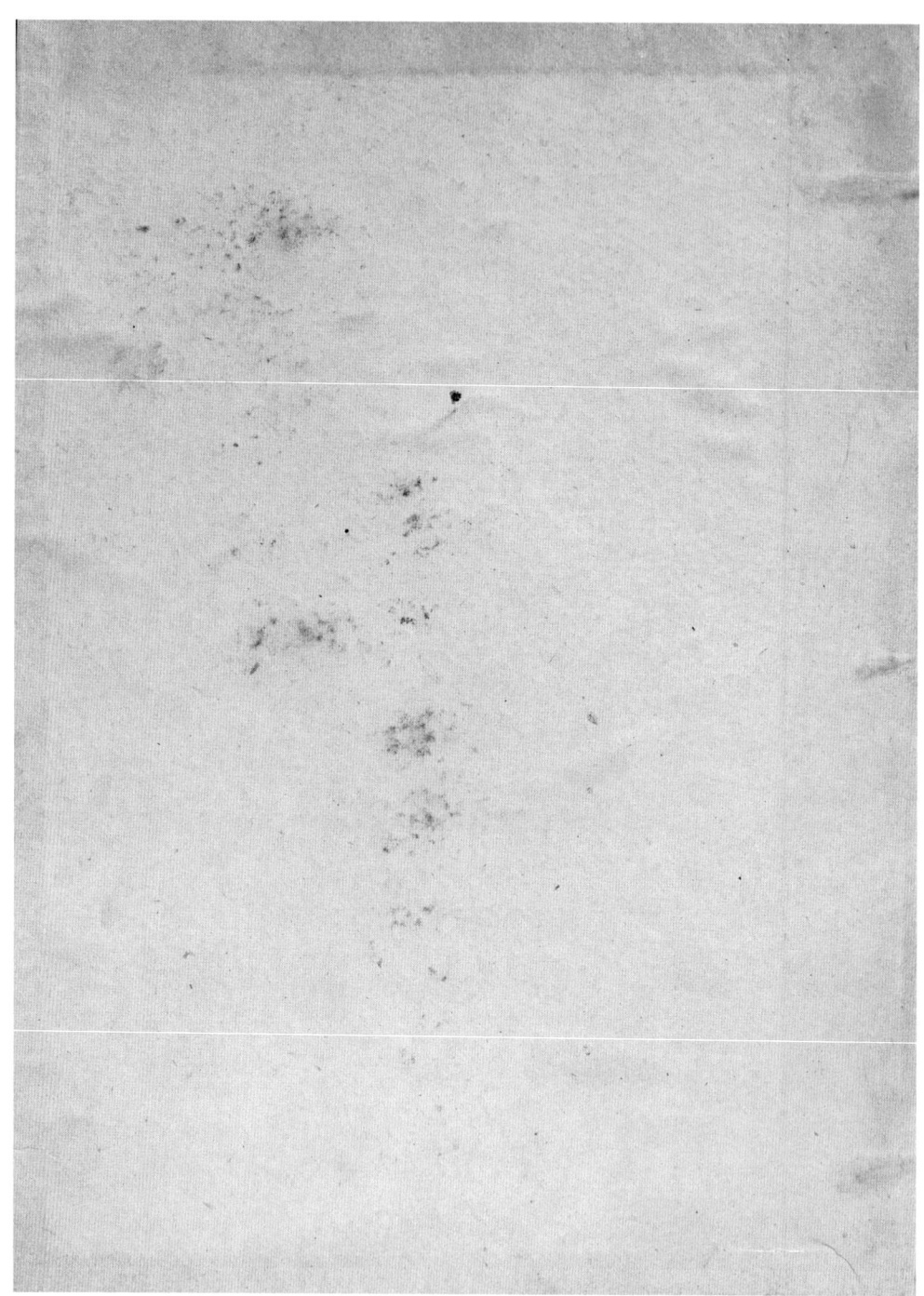

母校
法學院惠存
一九四八級敬贈
六月

燕京大學

一九四八級年刊

燕京大學一九四八級年刊委員會出版

民國三十七年六月

級　史

沈明霞

余執筆記述級史之先，殊感本級結合之不易，及班人所遭際遇之不平凡，四年艱苦之共聚乃與往昔數十年來燕京在平校各班所享之安順恬寧之大學生活逈異。故捨此則亦無以道述本班之特質；校務長竇維廉先生稱本級係燕京最後一批之 War Class, 最能包容其意。

一九四四年九月，本級同學於渝蓉二地攷入燕京，勝利前夕之年也。猶憶是夏，河山半淪，炮火正烈，燕園新人，多爲鄉關遠離，顛沛失所之遊子寄客，故相逢之初，倍覺親切，私相問者，厥唯勝利之年；四載悠長，詎料歸計何日。是年臘月，敵犯黔邊獨山，進逼貴陽，一時陪都騷動，渝蓉各校學子奮然從戎者群起，本級同學中參加青年軍者亦不乏人。第一年下期，級會成立，名曰「四四〇級會」，全級僅四十餘人，班會雖無表現，然本班同學之聯繫，已有最基本之組織。是年本級同學於校內各團體中嶄露頭角者頗不乏人，而尤多擅長劇藝者；校中唯一劇團演出四幕劇「少年遊」時，本級即有五位同學參加演出。

一九四五年夏秋之交，勝利捷報傳來錦城，本級同學因素日嚮往燕園故址之夢即將實現，無不欣喜若狂。一九四六年六月，北返復員工作始，成都「燕京時代」遂告結束。至秋，本級同學先後踏入燕京故園，度其憧憬已久安定攻讀之第三年度大學生活，而本級級史至此亦告重寫嶄新之另一頁矣。

本級至大三時代，人數驟增，蓋班中有按年上升者，有他校轉入者，有戰後復學者，其綜合性之大，遂構成燕京校史上前所未見之特殊現象，故班人年齡相差有達十歲之多。又其間分子按其經歷分之，有於戰時參加遠征軍，青年軍者，有曾充任翻譯官於印緬境軍中工作者，有投效空軍者，有於社會中工作多年者……，有於戰火方息，深閱人生艱辛苦樂之後，重投燕園懷抱之士。若自四面八方而來，若細流之匯集，終成「一九四八」吾級之一大巨流。班人因感於八年離亂後，得倖免於戰爭之浩刼，能復聚於燕郊湖濱，蓋因緣寔深而感情亦最爲融洽也。

迄至一九四七年秋季伊始，乃爲本班在校之最後一年，四載駒光，轉瞬即逝；晨鐘晚塔，依念益深。是時班會遂告擴大組成，然其所能致力者，要爲籌備畢業之事宜。

回顧我班四年來之大學歷程，有始於成都而終於北平者，亦有始於北平而終於北平者，唯皆於戰時始，而於戰後終，生涯本多奇，聚散更無常；面對動亂之世，返顧四年陳跡，蒼茫之感，寧有日哉！今驪歌已唱，即將告別，前程各赴；所冀者班人各致其業，互通音訊，四年患難，同窗之誼，若得常此綿綿，則今日之離散，小別耳；願我班友珍重焉。

一九四八年六月十五日

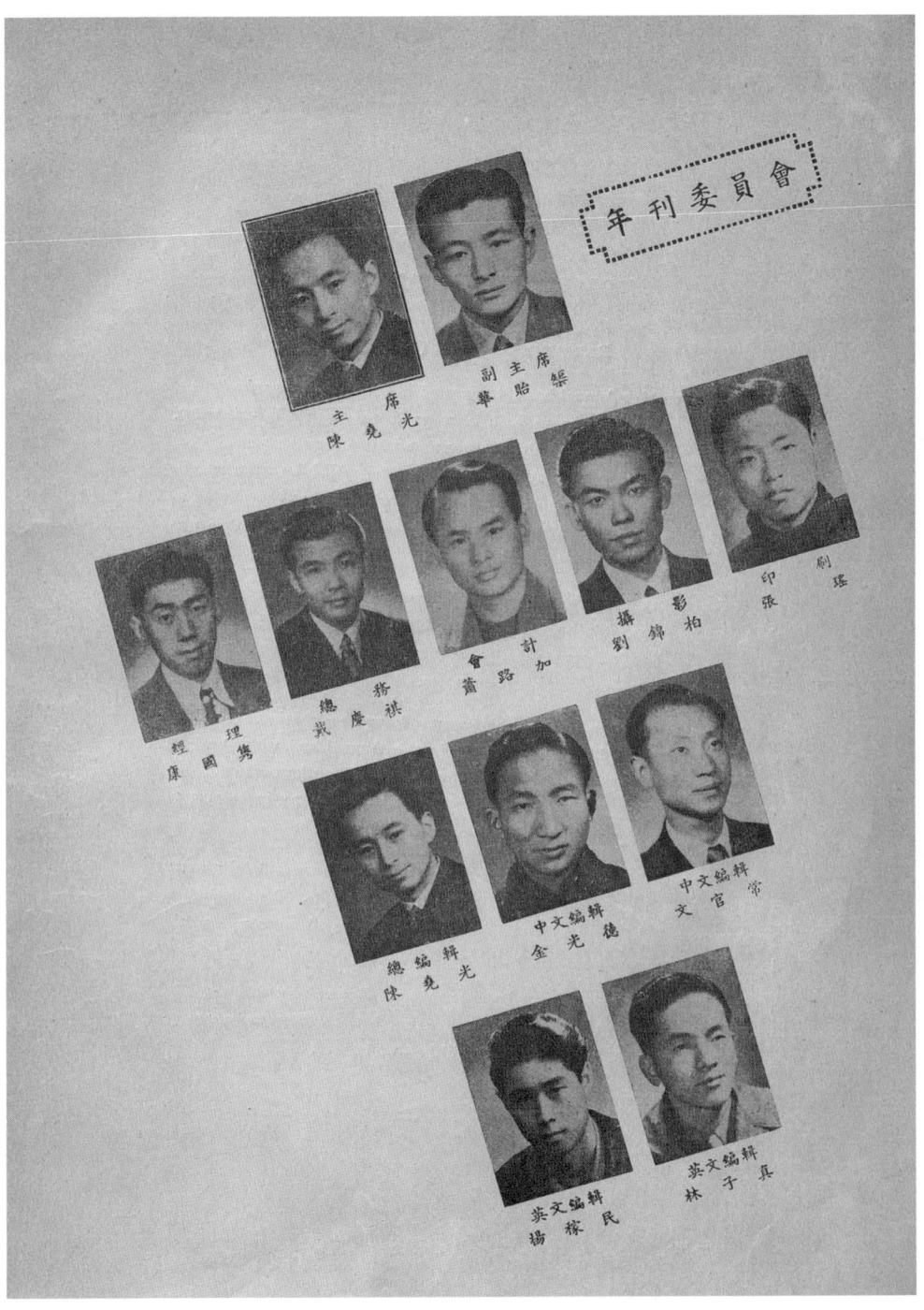

REGARDING THIS ANNUAL
BY
RICHARD Y. CH'EN (陳堯光)

The Yenching Annual has not appeared since the Pacific war broke out. During the past seven years as each class graduated from this university, owing mostly to financial difficulties in war time while our nation was fighting against aggression, they felt they were not obliged to publish an annual which was then less important than many other things which had to be undertaken. Nevertheless the Yenching Annual had to reappear someway; the time was bound to come.

At present, to overcome the many difficulties is just as hard to do as in the past dark years. Since there must be a class to make a fresh start, we, the class of 1948 took liberty to challenge the many difficulties, and fortunately —we dare say now—we have overcome them.

All the expenses for this volume came from the enthusiastic friends of our class, who were solicited to advertise in this Annual and without whose support this Annual could not have been published. The efforts of our alumni and some of our classmates, who have contributed in any way in helping to publish this Annual, should also not be overlooked.

Due to lack of time, we can not publish a thick volume containing many photographs and sketches of the college life in all aspects. Although still a great many mistakes may be found in this Annual, we hope somehow the labours that we have not spared will be appreciated.

Now the Yenching Annual appears again. By our poor achievements, we do not intend to get ahead of our predecessors, but only hope to be surpassed by our successors. And surely we will be—we believe.

校 圖

西校門

水塔

華表

貝公樓

塔孤叢樹

樓前石麟

樓外藜垣

日落心湖

姉妹爭妍

島亭鳥瞰

樓頭樹陰

穆樓獨秀

燕舫一角

湖畔倒影

小橋流水

塔影波光

本刊廣告委員會

林其煌	沈明霞	康國雋
陳堯光	戴慶祺	張澍智
朱蘊文	張崇文	陸卓明
趙慶閏	姚祖彝	李夢梅
吳婉先	吳婉蓮	蔣瑞英
李獻琛	王勤望	石文博

本刊定價每本國幣壹百伍拾萬元

Faculty

燕大創辦人暨前任校務長
司徒雷登先生
J. Leighton Stuart, D.D., Litt. D.
Former President & Founder

TO THE CLASS OF 1948

It gives me an especial pleasure to join in the congratulations and good wishes of those who have had a share in enabling you to complete your graduation requirements or who have watched you during your years of college study. These fours years have been full of turmoil and distress both within our University and in the country at large. All this has been an undesirable but nonetheless valuable part of your education. In the years to come when—as we all earnestly hope—the nation will be enjoying peace, prosperity and progress it will be interesting for you to look back upon the trials of your college life. Meanwhile I shall expect each and all of you to devote yourselves to the realization of those noble objectives in the spirit of our Yenching motto.

J. Leighton Stuart

代理校務長兼研究院委員會主席
寶維廉先生
William H. Adolph, Ph.D.
Acting President
&
Acting Chairman
Committee on Graduate Studies

MESSAGE TO THE CLASS OF 1948

You are the last of the war classes. Yenching is proud of your accomplishments and of the responsibilities which you have carried. You graduate, moreover, at a very critical period in the nation's history. You have the task of bringing hope and buoyant courage to a discouraged world. At Yenching you have received a university training, but in addition to this academic equipment, we hope you will also carry with you into your life-work a new determination and a new conception of constructive and cooperative service.

William H. Adolph
Acting President

女部代理主任
蘇路得女士
Miss Ruth Stahl, B.M.
Acting Dean
College for Women

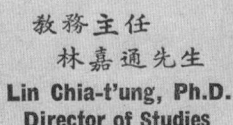

教務主任
林嘉通先生
Lin Chia-t'ung, Ph.D.
Director of Studies

總務主任
蔡一諤先生
Stephen Ts'ai, B.A.
Controller

學生輔導委員會主席
吳路義先生
L. E. Wolferz, Ph.D.
Chairman
Committee on Student Welfare

宗教學院院長
趙紫宸先生
**T. C. Chao, Litt. D., D.D.
Dean
School of Religion**

文學院院長
梅貽寶先生
**Y. P. Mei, Ph.D., LL.D.
Dean
College of Arts & Letters**

理學院院長
韋爾巽先生
S. D. Wilson, Ph.D., D.Sc.
Dean
College of Natural Sciences

法學院代理院長
嚴景耀先生
Yen Ching-yueh, Ph.D.
Acting Dean
College of Public Affairs

國文學系主任
　　高名凱先生
Kao Ming-k'ai, Litt.D.
Professor & Chairman
Dept. of Chinese

西語學系代理主任
　　柯安喜女士
Miss Anne Cochran, M.A.
Professor & Acting Chairman
Dept. of Western Languages

歷史學系主任
　　齊思和先生
Ch'i Ssu-ho, Ph.D.
Professor & Chairman
Dept. of History

哲學系主任
張東蓀先生
**Chang Tung-sun
Professor & Chairman
Dept. of Philosophy**

心理學系主任
沈迺璋先生
**Shen Nai-chang, B.S.
Professor & Chairman
Dept. of Psychology**

教育學系代理主任
夏仁德先生
**R. C. Sailer, Ph.D.
Professor & Acting Chairman
Dept. of Education**

新聞學系主任
蔣蔭恩先生
Chiang Yin-en, B.A.
Assistant Professor & Chairman
Dept. of Journalism

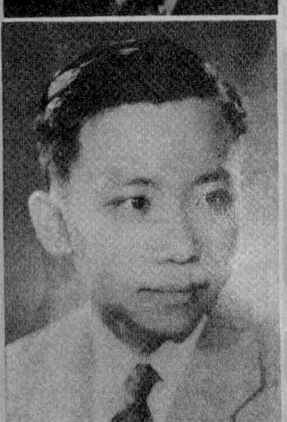

音樂學系代理主任
許勇三先生
Hsu Yung-san, Mus. M.
Assistant Professor & Acting Chairman
Dept. of Music

化學系主任
竇維廉先生
William H. Adolph, Ph.D.
Professor & Chairman
Dept. of Chemistry

生物學系主任
胡經甫先生
Chenfu F. Wu, Ph.D., M.D.
Professor & Chairman
Dept. of Biology

物理學系代理主任
褚聖麟先生
Ch'u Sheng-lin, Ph.D.
Professor & Acting Chairman
Dept. of Physics

數學系主任
徐獻瑜先生
Hsu Hsien-yu, Ph.D.
Professor & Chairman
Dept. of Mathematics

家政學系主任兼護預學程導師
陳意女士
Miss Ch'en I, M.S.
Professor & Chairman
Dept. of Home Economics
&
Professor & Adviser
Pre-nursing Training Program

醫預學程導師
博愛理女士
Miss A. M. Boring, Ph.D.
Professor & Adviser
Pre-medical Training Program

工預學程導師
丁陰先生
Samuel M. Dean, M.E., A.E.
Professor & Adviser
Industrial Training Program

政治學系代理主任
　　陳芳芝女士
Miss Ch'en Fang-chih, Ph.D.
Professor & Acting Chairman
Dept. of Political Science

經濟學系代理主任
　　趙錫禹先生
Chao Hsi-yu, M.Sc.
Professor & Acting Chairman
Dept. of Economics

社會學系主任
　　林耀華先生
Lin Yueh-hua, Ph.D.
Professor & Chairman
Dept. of Sociology

體育部男部主任
　　　趙占元先生
Robert C. Y. Chao, B.S.
Professor
Physical Education for Men

體育部女部主任
　　　周學章夫人
Mrs. Ruth Huie Chou
Lecturer
Physical Education for Women

圖書館代理館長
　　　陳鴻舜先生
Ch'en Hung-shun, B.A., B.S.
Acting Librarian

哈佛燕京學社副主任
陳觀勝先生
Kenneth Ch'en, Ph.D.
Assistant Director
Harvard-Yenching Institute

引得編纂處代理主任
聶崇歧先生
Nieh Ch'ung-ch'i, B.A.
Acting Director
Sinological Index Series

資助委員會主席
戴文賽先生
Tai Wen-sai, Ph.D.
Chairman
Committee on Financial
Aid to Students

校醫處主任醫師
吳繼文先生
Wu Chi-wen, M.D.
Chief Medical Officer

陸志韋先生贈詞

「你是世界上的光」。這比喻按如今說，比耶穌說的時候更有意思了。

光是力，可以變為熱。熱是快樂的，也可以是凶狠的。

光照到黑暗裏，敎人醒起來，敎人看見腌臢的東西，敎人知道鬼就是人。

光要是人呐，他會覺着孤單，淒涼，慈悲。所以佛說「慈光普照。」

光又代表人的經驗上最高的速度。光是純粹的犧牲，因為發光是費力而永遠得不到報酬的。太陽自己不知道在發光。

這樣，我送你們進黑暗社會去了。古人說，趙穿是「冬日之日」，趙盾是「夏日之日」。人家見了你，有點愛你，要不然，至少有點怕你，你就是世界上的光了。這四年敎育，難道只敎人把黑暗加入黑暗，弄得天下烏鴉一般黑麼？

　　　　　　五月二十六　陸志韋

道 別 辭

　　我們在校的四年時光,很快的即將告終了;我們就要走出學校去,謝謝您們——師長和在校同學,四年來我們從學習與共同切磋上,不但得到知識和教訓,而且在心頭留下不可磨滅的感情;我們將永遠珍重這感情的溫暖。

　　當我們向您們道別之前,我們的惆悵和依念是難以說明的;而我們就要走入的社會,在今天乃是如此昏濁與動亂,回顧這即將離開的校園,却是這樣寧靜和美麗,我們更感到彷徨。但是我們終不能不向您們道別了;而面對校門外的那個世界,我們也更感到我們重大的責任與使命,我們將勇敢地迎面而去!

　　學校復員時候,我們大家都有美好的想望,可是幾年來我們却看不見光明;然而這也是一個足以鍛鍊我們意志,理性與力量的時代,我們呼籲的安定、和平、民主、康樂的社會,國家和世界,其實現必然要待我們每一個人貢獻出力量來,而且也要我們大家聯合起去爭取那一天的到來。我們——一九四八級的同學的肩上也負有這責任,既以我們對於學校,師長和各位在校同學在這時是如此依依,但我們也必然站穩脚步和挺起胸膛而奮勇上前;我們將去進入歷來畢業校友他們在社會上奮戰的隊伍,然而我們的心却也與各位在校的師長與同學同在。我們將長記得四年來課堂上師長們循循善誘的慈藹的容貌與聲音,和與各位在校同學在圖書館內的夜讀,黃昏時池邊的漫步與談笑;日後這些回憶,時時將使我們的心情溫暖而精神頓生,更將使我們能站得住自已,不會跌倒也不會後退。我們更盼望在校師長與同學繼續的勉勵與協助,我們也等待明年,後年……畢業的同學一羣一羣的上前來,與我們共同携手奮鬥!

　　讓我們彼此再一次緊緊地握手,現在,我們和你們道別了,我們彼此珍重吧;願「真理,自由,服務」,永遠深鑄於我們彼此的心上。　　　　　　（金光德一九四八年六月）

Graduates

武繩艾
陝西米脂
新聞

詹寶貞
浙江溫縣
社會

音繼張
漢口市學
數

張　瑾
河北遵化
經濟

張群基
湖北安陸
新聞

張崇文
江蘇興化
經濟

張鳳梧
天津市
經濟

張緒生
河北三合
社會

張鳴歧
河北河間
教育

張澍智
北平市
西語

張瑤
四川成都
新聞

趙學仁
天津市
經濟

陳 熙 樑
廣東中山
哲學

陳 紹 澧
廣東東莞
化學

陳 樹 楨
廣東潮陽
特別生物

陳 舒 永
河北易縣
研究院（歷史）

陳 堯 光
江蘇無錫
新聞

鄭 鎮 惡
福建林森
生物

鄭錫安
福建屏南
新聞

程　曦
河北文安
國文

戚觀光
浙江餘姚
新聞

祁寶光
河北霸縣
教育

蔣淑均
江蘇武進
國文

錢家珏
河北清苑
國文

錢宇年
江蘇吳縣
特別生物

金家振
北平市
經濟

金光德
四川南川
新聞

丘　福　禧
廣　東　梅　縣
特別生物

卓　頎　麟
廣　東　中　山
政　治

周　建　業
河　南　開　封
經　濟

桓市　
周天津
　歷史

華陽
桂壽
周濟
山西經

龍林
夢桂
周濟
廣西經

周蔭君
雲南峨山
社會

周裕瑛
安徽歙縣
化學

朱錫爵
山西陽城
物理

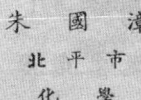

朱國漳
北平市
化學

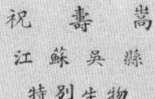

祝壽嵩
江蘇吳縣
特別生物

方慈祺
浙江永嘉
化學

何 長亨
廣東南海
經濟

蕭 振同
遼寧北鎮
家政

蕭 路加
四川新都
經濟

華　復　一
江蘇無錫
特別生物

華　貽　榘
江蘇無錫
政　治

黃　秀　貞
廣東清遠
家　政

黄宇寿
廣東南海
經濟

康國雋
陝西城固
經濟

高潔山
四川璧閒
新聞

顧景范
江蘇無錫
特別生物

顧以僖
江蘇淮安
家政

管寬
江蘇吳縣
新聞

龔理菁
安徽合肥
西語

武純郭
四川威遠
經濟

俊郎
浙江杭縣
政治

李錦慧
山東淄川
家政

李秀生
山東德縣
西語

李玲頴
福建林森
化學

李夢梅
河北灤縣
物理

梁仲明
廣東中山
經濟

林子真
福建林森
西語

柏 錦 劉
中 山
廣東
政 治

湜 劉
天 津
河 北
數 學

明 卓 陸
吳 興
浙 江
經 濟

盧 毅
威海衛
新聞

呂迺泓
山東掖縣
西語

呂德本
河北臨榆
西語

馬秀卿
河北唐山
教育

馬宗崇
廣東新會
經濟

孟昭蘭
河北遵化
家政

倪　　璇
江蘇南通
家　政

沈　家　駒
江蘇南通
社　會

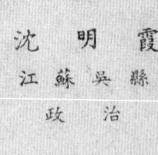

沈　明　霞
江蘇吳縣
政　治

年樂石
天津市
經濟

博清
文武
石河北
敎育

緒津
傅天
鯀河北
經濟

蘇 以 坦
河北交河
西 語

孫 亦 棟
江蘇崇明
物 理

孫 幼 雲
浙江紹興
社 會

戴慶祺
湖南永綏
經濟

陶　涵
浙江紹興
新聞

田惠貞
河北天津
經濟

蔡恩普
北平市
經濟

曾繁明
四川內江
西語

崔枋
廣東南海
物理

崔天佑
河北甯河
經濟

杜壽玢
廣東南海
家政

魏文賢
(Veinstein, Isabella)
波蘭
西語

萬　秋　芳
南京市
研究院（歷史）

王　瑞　惠
河北天津
經　濟

王　淑　琴
山東德縣
社　會

裘 文 王
天津市
國文

常 官 文
山 梁 四川
新 聞

吳 東 之
安徽桐城
研究院（政治）

吳婉先
福建林森
西語

吳婉蓮
福建林森
西語

楊稼民
天津市
西語

行景 楊
山 黑 寧遼
會 社

潔 雪 楊
縣 泰 蘇江
政 家

玉 汝 楊
市 津天
會 社

楊 毓 文
四川資陽
家　政

楊 耀 民
河北玉田
西　語

姚　　剛
上　海　市
經　濟

葉耀芳
福建林森
生物

嚴仁奠
浙江鄞縣
社會

虞　雄
湖北枝江
經濟

袁 棣 華
河北灤縣
西　語

其他列入本年度畢業同學，未交相片者有：

學媛　一葉銘敏文焯增宏
競義鳴宗啓士景子德秀
包蕭魏陳譚周鄺何劉劉

國文學會

社會學會

宗教學會

哲學學會

音樂學會

數學學會

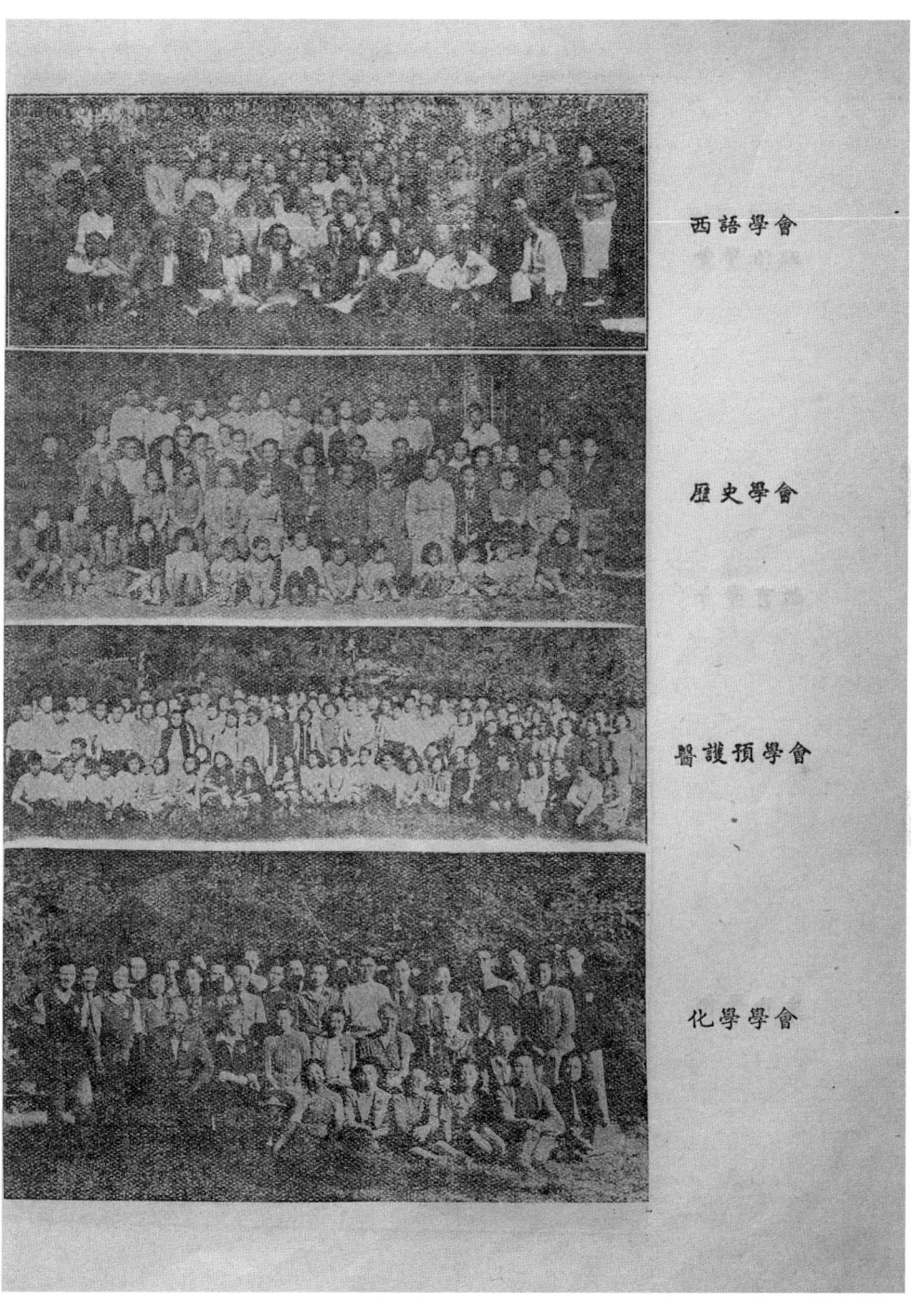

西語學會

歷史學會

醫護預學會

化學學會

經濟學會

心理學會

工預學會

本 級 同 學 論 文 題 目

艾繩武（新聞）　　報紙分類廣告
詹寶貞（社會）　　平郊社區婦女研究
張繼音（數學）　　Brocard Confifurations and Orthopole of A Line to A Triangle.
張　瑾（經濟）　　煤礦管理問題的研究
張羣基（新聞）　　公意測驗
張崇文（經濟）　　價格經濟與計劃經濟
張鳳梧（經濟）　　價格與競爭
張緒生（社會）　　平郊村學齡兒童所受的教育
張鳴岐（教育）　　幾個問題兒童的個案研究
張澍智（外文）　　Socrates in Plato's Apology and Paedo.
張　瑤（新聞）　　廣告與報紙
趙學仁（經濟）　　我國開放對日貿易問題之研究
陳熙橡（哲學）　　What Confucius Teaches on the Ways of Practical Life.
陳紹澧（化學）　　The Preparation of Some New Nitro and Amino Derivatives of Alkyl Alpha-Naphthyl Ethers.
陳舒永（歷史研）　　仡佬話的記錄和分析
陳堯光（新聞）　　新聞寫作研究
鄭鎮惡（生物）　　External Morphology of the Epicopeid Moth.
鄭錫安（新聞）　　自北伐完成至抗戰前夕北平報業的演變

程　曦（國文）	惲南田研究
戚觀光（新聞）	十九世紀前中國的報紙及報業
祁寶光（教育）	小學自然科教法之研究
蔣淑均（國文）	儒家淑身學舉隅
錢家玨（國文）	南北曲中女主角地位之比較
金家振（經濟）	中國棉紡織業
金光德（新聞）	地方報紙之經營
卓頑麟（政治）	民國建元以來地域上權限劃分之研究
周建業（經濟）	合作社法之分析研究
周　垣（歷史）	秦郡問題之研究
周桂華（經濟）	中國國民所得
周夢龍（經濟）	經濟繁榮與經濟蕭條
周蔭君（社會）	北平社會局婦女教養所收容婦女之研究
周裕瑛（化學）	A Study of the Reaction between Oxalic Acid and Ammonium Chloride in the Absense of a Liquid Phase.
朱錫爵（物理）	A study on Radio Waves Below 2 Meters.
朱國漳（化學）	Autoxidation of Alpha-eleostearic Acid in the Presence of Antioxidants and in Different Solvents.
方慈祺（化學）	The Hydrolysis of Skin in Saturated Sodium Sulfate Solution Containing Lactic Acid.
何長亨（經濟）	部分均衡
蕭振同（家政）	日用食譜的規定（一）

蕭路加（經濟）	A Study on the Problem of Economic Planning.
華貽絜（政治）	清代之新疆與回族
黃秀貞（家政）	托兒所兒童情緒的研究
黃宇壽（經濟）	國際經濟合作（翻譯）
康國隽（經濟）	民國二十五年至三十年中國國際貿易
高　潔（新聞）	中國報紙的新聞通訊
顧以儁（家政）	七種乾豆對於烹調與雞生長之研究
管　寬（新聞）	民國以前中國報業的演變
龔理菁（外文）	Gerard Manley Hopkins.
郭純武（經濟）	保護關稅之研究
耶　俊（政治）	韓非之哲學及其政治思想
李錦慧（家政）	學齡前兒童服裝之研究
李秀生（外文）	The Scriblerus Club and the Masterpieces Which Came out of It.
李玲穎（化學）	A Study on the Preparative of Glutomic Acid from Soybean Cake.
李夢梅（物理）	A Study on the Radio Waves Below 2 Meters.
梁仲明（經濟）	A Comparason of Present Competition and Imperfect Competition.
林子眞（外文）	A Comparative Study of The Prince and the Utopia.
劉錦柏（政治）	華僑問題與僑務
劉迺潈（數學）	Hermite and Laguerre Polynomials Together with Some Symbolic Relations.

劉子韜（生物研）	擬穀盜之形態及生活史	
陸卓明（經濟）	淪陷時期華北物價之統計分析	
盧　毅（新聞）	中國的電信交通與文字改革	
呂迺泓（外文）	Deteriorotion of Lady Macbeth.	
呂德本（外文）	Christopher Marlowe's Life and his Tamburlaine.	
馬秀卿（教育）	陶行知先生之教育理論及其實際工作	
馬崇棠（經濟）	奧林國際貿易動態理論之研究	
孟昭蘭（家政）	北平市私立嬰兒寄托所兒童膳食調查	
倪　璇（家政）	日用食譜的規定（二）	
沈家駒（社會）	燕大社會學系	
沈明霞（政治）	四十年來之中韓關係	
石樂年（經濟）	從新鹽法至鹽專賣	
石文博（教育）	教初中外國史的幾種新方法	
蘇傳緒（經濟）	國際貿易中傾銷問題之研究	
蘇以坦（外文）	Gerard Manley Hopkins.—Poetry and life	
孫亦棟（物理）	Construction And Study of A Mercury-Vapor Spark Gap	
孫幼雲（社會）	武氏家族的變遷	
戴慶祺（經濟）	競爭工業之結構（翻譯）	
陶　涵（新聞）	時事分析論	
田惠貞（經濟）	晚清以來中國幣制之改革	
蔡恩普（經濟）	古典學派國際貿易理論之研究	
曾繁明（外文）	A Study of London.	

崔 枋(物理)	A Study of the Photoeletric Effect by Polarized Light
崔天佑(經濟)	長蘆鹽務之概況
杜壽玢(家政)	中國小學午膳之設計
魏文賞(外文)	Approach of 19th Century English Novelists toward the Problem of Child Labor.
萬秋芳(歷史研)	巴黎和會
王瑞惠(經濟)	The Foreign Trade Policy of the United States.
王淑琴(社會)	婦嬰衛生工作
王文襄(國文)	中國語詞之變化五十則
文官常(新聞)	我國報紙的新聞寫作
吳東之(政治研)	新疆歸化記
吳婉先(外文)	Dickens As A Social Reformer.
吳婉蓮(外文)	The Autobiographical Element in George Eliot's The Mill on the Floss.
楊稼民(外文)	A Comparison Between Henery Fieldings Joseph Andrews and Samuel Richardson's Pamela.
楊景行(社會)	平郊村一個手工業家庭的研究
楊雪潔(家政)	常識測驗
楊汝玉(社會)	成府區一百個兒童健康狀況調查
楊毓文(家政)	兒童玩具及遊戲用具之研究
楊耀民(外文)	A Study on the Tragical History of Doctor Faustus by Chistopher Marlowe.

姚　剛（經濟）	A Study of Balance of Payments.
葉耀芳（生物）	A Study of Induced Ovulation Artificial Fertilization and Development of Egg of Rana Nigromaculata.
嚴仁蕙（社會）	一個兒童救濟機關的研究
虞　雄（經濟）	中國所得稅之研究
袁棣華（外文）	Romantic Idea in Charlotte Bronte's Novels.

本級同學通信錄

艾繩武	天津林森路122號
詹寶貞	浙江溫州鐵井欄30號
張繼晉	上海金神父路金谷村48號
張　瑾	北平燕京大學資助委員會
張翠基	湖北省政府張伯常轉
張崇文	上海崑山路81弄18號
張鳳梧	北平南長街48號
張緒生	北平地安門外大街191號
張鳴岐	北平燕京大學附中
張澍智	天津佟樓十二座樓1號
張　瑤	成都草市街47號
趙學仁	天津第一區陝西路德鄰里7號
陳熙橡	澳門羅和巷馬路1號D
陳紹澧	九龍侯王道39號二樓
陳樹貞	北平東城協和醫院哲公樓
陳舒永	北平東城觀音寺40號
陳崇榮	北平協合醫學院
陳堯光	上海呂班路2號內33號
鄭鎭惡	台北市新生南路一段118號
鄭錫安	上海北四川路16號自由商行陳觀祥轉
程　曦	燕大南門外冰窖胡同211號

戚觀光	上海天津路臺中銀行戚承壽轉
祁寶光	北平海淀培元學校
蔣淑均	北平東安門大街 28 號
錢家玨	北平西單後英子胡同 1 號章宅轉
錢宇年	北平宣內石駙馬大街 22 號
金家振	北平王府井大街梯子胡同 9 號
金光德	四川南川水江鎮鳳慶園
丘福禧	北平協和醫院
卓頑麟	廣東中山官塘村第十區卓伯田轉
周建業	上海九江路行政院物資供應局配售處
周 垣	北平燕京大學哈佛燕京學社
周桂華	西安中山門外五字什道 23 號
周夢龍	北平東城外交部街 13 號
周蔭君	南京長樂路 359 號
周裕瑛	浙江寧波府橋街 10 號
朱錫爵	北平武定侯甲 5 號轉
朱國璋	天津第一區山西路安居里 8 號
祝壽嵩	北平宣內石駙馬大街 22 號
方慈祺	北平東城金魚胡同 3 號
何長亨	廣州市 623 路新興東街 11 號
蕭振同	北平東城乾麵胡同 36 號
蕭路加	成都暑襪北二街 65 號
華復一	北平協和醫學院

華貽榘	江蘇無錫新生路 21 號
黃秀貞	廣州東山保安局後街 15 號
黃宇壽	北平前內小四眼井 13 號
康國雋	上海蒲石路蒲園 2 號
高潔	成都指揮街 66 號
顧景范	北平協合醫學院
顧以儻	北平東單五老胡同 18 號
管寬	重慶南岸黃桷埡復興村 24 號逄廬何定轉
龔理菁	北平宣武門外永光寺中街 3 號
郭純武	四川威遠北街合順隆轉
郎俊	台北羅東區台灣紙廠台北廠
李錦慧	陝西三原銘賢中學
李秀生	北平司法部街地方法院朱連祥轉
李玲穎	北平府前街花園大院甲 10 號
李夢梅	北平東華門北河沿 40 號
梁仲明	天津十區上海道臨河里 20 號
林子眞	福州林森路 123 號
劉錦柏	廣東中山二區谿角喬津街 10 號
劉迺濚	天津市東馬路中南銀行轉
劉子韜	北平燕京大學生物系轉
陸卓明	北平燕京大學燕東園 27 號
盧毅	南京新民報社
呂迺泓	天津第十區岳陽道鼎和里 6 號

呂德本	北平安定門內分司廳 20 號張宅轉	
馬秀卿	香山慈幼院	
馬宗棠	廣州沙面復興路 49 號 2 樓	
孟昭蘭	北平崇外花市大街 67 號	
倪 璇	上海（18）永福路 145 號	
沈家駒	江蘇南通東門外學田廟沈寶興油廠	
沈明霞	上海愛文義路 1312 弄 26 號	
石樂年	天津第十區漢口道壽康里 10 號	
石文博	北平燕京大學教育系	
蘇傳緒	北平市政府工務局	
蘇以坦	天津十區宜昌道協安里 9 號	
孫亦棟	北平大方家胡同 27 號	
孫幼雲	燕京大學社會系陳永齡轉	
戴慶祺	湖南常德大河街 44 號	
陶 涵	北平西城酒醋局 11 號	
田惠貞	天津二區勝利路二慶里 5 號	
蔡恩普	上海中山東一路 17 號民航局空運隊	
曾繁明	四川內江白馬廟天慶生	
崔 枋	天津十區山西路耀華里 12 號	
崔天佑	北平西城鬧才胡同 66 號	
杜壽玢	上海復興中路 1295 弄 61 號	
魏鳴一	北平南池子 22 號	
魏文賢	天津第十區重慶道 78 號	

萬秋芳	天津第二區民生路 38 號
王瑞惠	北平東城黃獸醫胡同 11 號
王淑琴	上海外灘中央銀行稽核處審核科王乃廣轉
王文襄	天津第二區建國道 24 號
文官常	成都文廟西街 67 號
吳東之	安慶雙井街 17 號
吳婉先	北平東城內務部街芳嘉園 1 號
吳婉蓮	北平東城內務部街芳嘉園 1 號
楊稼民	北平東城東堂子胡同 16 號
楊景行	北平西城十八半截 53 號
楊雪絜	上海進賢路 238 弄 10 號
楊汝玉	天津第十區馬廠道 165 號
楊毓文	重慶神仙洞街 120 號
楊耀民	北平崇內船板胡同 1 號
姚 剛	上海海格路 358 號
葉耀芳	上海林森中路 1200 弄 43 號
嚴仁冀	天津西北隅文昌宮西 4 號
虞 雄	北平燕京大學霍應沅轉
袁棣華	天津第十區宜昌道格林村 1 號

——我們的感想——

張崇文：燕京在改變，而且需要更改變，隨着時代的前進，揚棄舊的糟粕，讓新的精華成長。祇有不斷的求進，才能更接近眞理，趨向光明。我們欣賞燕京的美點，但亦不能說它完全沒有缺點，因此希望燕京的一切更能繼續的改革，以發揚更高的文化，實現完美的理想。

張澍智：四年來，我最愛的是東門外長三的紅果酪。

最討厭的是擠星期六下午進城的校車。

最得意的是一共走進三次燕京的大門：一次是1941，一次是1944，一次是1946。也走出過三次：一次是1941，再次是1946，末次是1948。兩次在北平，一次在成都。

最傷心的是末次走出燕京，以後不知什麼時候再能回來？

張 瑶：我最愛燕京民主自由的空氣，互助友愛的團體生活。但也討厭那些貴族式的假紳士，假淑女的派頭。最恨在讀書或午眠時間，某公子駕機器腳踏車，旁若無人似的在洋灰路上兜風，破壞燕園安靜，妨礙他人自由。

陳熙樑：七年前給日本憲兵趕出燕園以後，一直不敢夢想還有畢業的一天。但現在眞的畢業了，我說不出我此時的心境。從唸生物轉到唸哲學，朋友們都說我拐了一個大圈子，但我自己却不知道有沒有拐灣，因爲我還沒有弄淸楚生物和哲學間的關係呢？八年大學，使我感到唸大學不是爲着增加混飯吃的工具，而是『養性』二字。希望以後留身在學術界裏面，當一輩子哲學系的學生。

陳紹灃：小弟來燕京不過兩年，來時行李不過四件，朋友不過一個，然而現在返老家，送行的好朋友恐怕不只一打。最重要的改變，還是上帝給我的啟示，兩年以來，蒙主的敎訓及引導，使我改變，判若兩人，可知燕京給我的東西實在不少。

吃化學飯的人，朝夕有生命危險，因爲試管雖小，亦會爆炸，然小弟性最好奇，願能跟隨老前輩洗洗試管，至於原子彈，則絕對不怕。

錢家珏：最可惜是沒有加入過燕大小團契。　最怕的是女部主任找。

錢宇年：最愛的：美麗的校園，團的雜誌，體育館。

討厭的：教職員中階級劃分的太嚴。沒有建設性的漫罵式的壁報。不尊重反對者的精神的民主。

得意的：卅年暑假留校，靠自助工作可以賺錢。卅二年在成都投考第一期譯員，廿一人結隊出發。卅六年終能在平復學。

傷心的：卅年在槍刺下離開校園。失去了自由思考和獨立判斷空氣的校園。

對學校的感想：教育固然不能擺脫反映時代的影響，但是教育本身應當樹立一個崇高完善的理想。

畢業後的計劃：願為實現民主自由社會主義的中國而奮鬥，當一個給人民服務的醫生。

金光穗：行將離校，感慨萬端，中心縈亂，僅得片語：

There is no place like Yenching.

不作好事，便是壞人！

堅定！掙扎！撐住！勇敢！向前！

周桂華：我在燕京感到最愉快的是：騎車，兜風，聊天，賞月，滯湖邊。

最傷心的是：學滑冰摔壞了手，爬八達嶺打破了頭。

周蔭君：四年容易過，眼見就要過完了，真是『四年一覺大學夢』，令人感慨不已。四年來得意的事情說不上。臨到要畢業，才發現四年虛度了許多日子，沒有好好地多讀一點書，這是一件最傷心的事。

燕京是一個好地方，如果說一個人的一生總有一段比較幸福的日子，我的便是這四年大學生活。

周裕瑛：我來燕京祇有二年，在這兩年裏，沒有什麼可以記述，祇是有一件關於缺課的事願在下略略一提。本人選韋大敬授之拿手好課一門，但以種種原因，竟至缺課五堂之多，教授在諄諄善誘之餘，不知是否對我厚愛，奉送大荼三客，並且，將以鷄子作為第六堂缺課的報酬，本人自擋福薄，不敢對鷄子作任何怹惒，祇好就此打住。

朱國潭：最愛的：不能告訴你。

讨厌的：不便告诉你。

得意的：不好意思告诉你。

伤心的：不忍告诉你。

毕业后的计划：？

对学校的感想：好。

祝壽嵩：最愛的：校園的景色。星期日早晨的安靜。從前的網球場。現在的體育館。

最討厭的：同學間的爭鬥和不相容。一羣自以為是而不尊重別人的人物。

最得意的：一九四○年偷畫路燈及電通訊。一九四三年老同學重聚於成都。一九四七年『打牙祭』時，同桌缺席。

最傷心的：一九四○年西直門下車檢查，四七年還要下車。不能了解什麼是羣眾的心理。彷彿感到有一種高美的學風，隨著時代失去了。

對學校的希望：應當不只顧到維持這美麗的環境，務必創立一獨有的學風，希望學校能領導同學在思想上找一條出路，在學術上有更苦幹的表現。

蕭路加：最愛的：屋中所懸照片。

討厭的：熄燈後鄰居仍高談闊論。

得意的：書讀的一帆風順。

傷心的：馬上離開這兒。

華復一：美麗的校園增加不少的回憶，但是匆匆的來，匆匆的去，燕大的精神實在來不及領受。如今將離開燕大，很想以『燕大一家』的精神，發而為『天下一家』，能多為社會服務。

華貽緝：四年來的感想是寫盡不的，至少在這短短的篇幅中是不太可能。燕京象徵著近乎理想的小社會，但是它的缺點究竟還是不少，要達到『因真理，得自由，以服務』的校訓，我們不論已畢業未畢業的同學，都還需要格外的努力。

黃宇壽：七年來的燕園生活，將要成為回憶中的一個最美麗的夢。這個夢境所在的地方，所遇見的人，及所經歷的事，都會是我一生永遠不能忘掉的。

康國雋：自己覺得，四年來，在這樣美好的環境裏，沒有能把握時間好好充實，是非常抱愧的。畢業後準備就業，對於燕京十分留戀，希望它保持過去自由民主光榮的傳統，真正做到『因真理，得自由，以服務』。我們每一個畢業的同學，也都有著同樣的責任。

高　潔：感想萬千，却不知該寫下什麼好？畢業，職業，社會，家………種種問題，半年來縈迴我心。總覺得我們是夾縫中間走進社會的一群，四年大學生活一直是在烽火煙雲中度出來的，今後，又將走進烽火社會中去，何去？何從？是我們今天應該決定的。『我們正處在方生與未死之間………，我們的責任是要方生的快生，叫未死的快死………我們要縮短這誕生的痛苦』。朋友！讓我們以這句話互相勉勵吧！別把自己當作珠璣，把自己當作泥土吧！給後來者舖下平坦的道路，是我們的責任。

李秀生：四年來，沒有什麼得意的事，也沒有什麼可以傷心的。對集體活動和大衆服務，都不太感興趣。凡事只喜歡站在旁邊瞧人家的。

四年來，唯一的社交『圈子』是我自己。燕京的『小圈子』很多，可是，獨立的，一個人的『圈子』却很少，我自認爲我這狹隘的觀念，還不太有害全體，或多麼落伍，因爲我是對我自己負責的，不去影響別人，（當然不管閒事）也少被別人影響。

社會是一個大圈，我這個小圈子裏的人，得要以『多方面』的臉孔出現了。

李玲頎：在黑暗的社會裏，燕京誠然是一塊乾淨的，理想的樂土。在這裏，同學間無論在生活上，工作上，學習上，都有着深切的聯繫，學校當局與同學也站在同一個立場來爲同學謀福利，師生之間，沒有隔閡，相親相愛，造成了『燕大一家』的精神。

梁仲明：我愛燕京學校的環境，我喜歡燕京同學活潑的精神和燕京工友的和靄勁。最令我有深刻印象的，還是燕京的校訓：『因真理，得自由，以服務』。

林子眞：我肄業燕京只有兩年，燕京着實有許多地方是足以自豪，而且可以吸引人的，好像美麗的校園，自由的風氣，家庭化的精神，活躍的課外活動等等。同時我深感覺得我們太重形式表面，對於實際的工夫下得不夠，我希望校方，對於加強敎授陣容，增進課程的質和量，多多注意，以謀改善，至於校門的油漆，花草的修剪，倒是次要的。

劉洒濃：四年間的時光看起來是很長的，實際上，就好像一秒一分似的，轉瞬之間便逝去了。在這四年中間，我們大家在這優美的環境中共同的生活着，除了獲得一些最基礎的學問外，在人格和爲人的修養上，總算也有一些微小的成就，這是差堪告慰的一點。如此我們便認爲是滿足了嗎？不！當然不，我們應當更好好的往前努力下去。我們要珍惜時間之寶貴，不讓它平白的浪費下去，爲旁人，爲全體多作一些有益的事情。這是我們大家所共同希望的。

陸卓明：總提最喜歡的事未免討厭，想起得意的事又覺得傷心。

呂德本：我到燕京只有兩年，剛一進入燕園時，感想多的很，尤其是才從一個迥然不同的環境裏脫出來，滿腦袋裏充滿了對比。但是在這裏生活了兩年，一切都變得平常了，從前可感的現在也想不起來了，然而有一件事我一直覺得很痛快的，就是燕京什麼地方都很講理，我也是爲了這個原因才到這兒來的。這應該是很平常的事，但在現在的中國裏，就很不平常，許多不應該平常的事，如貪污，官腔，不盡職等等，却很平常了，以後，貪污，不講理，等字滿可不用，只說某人做官，或是當中學校長，其聯想就很夠表達這兩個辭句的意思了。

沈家駒：無論環境如何變，作爲中美關係橋樑的燕京，希望能繼續生長發展下去。

蕭以坦：在四年的大學生活裏，我覺得最可愛的事是認識了很多的年靑的朋友。他們使我看到了人生最光明的一面，他們的純潔的良心，愛民主，愛自由的熱誠是在現社會不易見到的，和他們生活在一起，你可以發見你自己，認識你自己。四年來，我沒有什麼太得意，太傷心的事，像自己這樣低能的人，能勇敢的活到現在，並且還有勇氣繼續生活下去，已經很知足了。

曾繁明：哀猿啼絕別三巴，燕園暫爲家，浮雲富貴猶春夢，捲書去閒遣韶華，　四何傷，一三也罷，分數總由他。　冬塞湖凍雪如花，氷上舞婆娑；春花夏柳留人處，楓湖畔眉月初斜，西北離魂，東南蘸夢，思念了無涯。

（一盞花）

崔天佑：大學修業向以四年為限，而余獨留校十年，雖困於時勢，亦屬難能可貴。觀夫燕園景色，風雅宜人，壯麗樓台，相映悠閒湖塔；鳥語花香，儼若武陵仙境，個中人忘却塵囂滋味矣。

際此離校，瞻社會之險惡，嘆處世之維艱，暖室盆花與路草同抗風霜，適競生存，必費一番磨煉，前途茫茫，荆棘滿道，努力拓荒，猶待自我之力行也。

萬秋芳：最愉快的：每星期五能欣賞音樂，能常常聽到名人講演，以及圖書館設備的齊全，師生間感情的融洽。

最傷心的：如此大好的環境中，沒能盡量的利用時間，多多唸書，到離開時，悔之晚矣。

王淑琴：傷心的是大學竟然讀了八年。堪可告慰者，在其中曾經學了三年護士。畢業後，仍繼續作護士，我覺得作護士比較熟習些，同時也是女子較合適的職業。離開燕京後，方覺出燕園中自由生活的可愛可貴，願在校同學珍視，善用這難得的時機。我甚願將這自由生活帶至護士教育中去，但這願望的完成還需要各同學的支持與鼓勵。

文宜常：去年這時，曾希冀早日結業，而今，却感到無限的依戀。最難忘：夜深人靜，獨自憑窗，眺望湖心的殘月，諧聽夜鶯的悲啼。最傷心：曉夢方濃，却被無情的鐘聲驚醒，那縹緲的夢兒，更向何處追尋？從此，我將讓它們在我的心底裡葬深深⋯⋯⋯⋯⋯⋯⋯⋯

吳婉先：我最愛的是燕京的水塔中的冷水，一開水管便能喝。最討厭的是燕京的蚊子，咬人特別厲害。

最得意的是認識不少朋友。

最傷心的事是許多人被人利用而盲從。

畢業後想去作事，就是不想去教書。

吳婉蓮：我最愛燕園的風景，日初和日落的美景，湖光塔影⋯⋯ Chorus, Victrola Concert 和 Student Recital 也是我所喜好的。

我最討厭的『事』是考試，交 Paper, 和進城搬校車，蚊子是我最討厭的『物』。我最傷心的事是『罷課』和『遊行』所引起的不幸事件，希望以後有更好的方法來解決『問題』。

楊稼民：我最愛的事情：天氣涼爽，全身疲倦，第二天沒有課，可以痛快酣呼大睡，此樂雖南面王不易也。

我最討厭的：夏天的汗與蚊虫，冬天脚上的凍瘡。

我最得意的：我雖然遲到了，恰巧先生比我晚二十秒。

我最傷心的：半點鐘內打電話六次，前五次佔線，第六次通了，人不在。

畢業後的計劃：只有睜大眼睛，伸長頭頸，去獵取工作。想起來還是在學校好，可是下學期的學費？飯費？老天！真有點進退維谷。

楊景行：現在大學裏機械的，公式化的分院系科別，是與外面社會脫節的。這種十九世紀以來，許多學問獨立門戶分家而得的各種系科，今天已不實用了。真有針對着人類的各種問題而設系科，庶可免去上述的，與社會脫節的弊病。再則我感到大學裏有的系科課程過於繁重，以致學生無暇去學習真正的生活。

葉耀芳：最快樂的事，莫過於去郊野採集生物標本。

虞　雄：韶光易逝，歲月難留，轉瞬四年，匆匆將屆，回憶前情，感慨殊多。吾輩同窗入學於抗戰艱險之秋，卒業於內戰正酣之際，入學維艱，卒業尤難。方今國勢垂危，吾輩之責任更覺深重，於斯臨別前夕，余以至誠贈諸老同窗一語：『有生當作駝與獅，寧死莫為狐與鼠』，願相互勉勵之。

編　後　記

　　半月來，年刊委員會的幾個編輯人，一面忙着搜集各種有關資料和照片，一面趕着編排，校對，人少事煩，大有應接不暇之感，今天，總算勉爲其難地把它編好付印了，這在我們這幾個負責編輯的人，是一則以喜，一則以懼。喜的是中斷了七年的年刊，終於能在今天繼續出版，而我們的工作，也在此告一段落；懼的是在百忙裏編印出來的這本年刊，必然有好些疎漏的地方，不能盡符各位同學的期望，這一點還祈大家原諒。

　　本刊的編製，是在五月初才決定下來的。當時不僅經費無着，連有關資料也完全沒有，一切都還在虛無縹緲間，幸賴平津校友會的幫忙和廣告委員會諸位同學的努力，使本刊印刷的經費問題得以解決，然後本刊編製的具體計劃才確定下來，終於在今天和諸位見面。這裏我們謹向幫忙我們的平津校友會和廣告委員會各同學致謝，同時，也向在本刊登廣告的各個行號致謝。

　　這一本在大考前夕匆促地編印出來的年刊，自然是因陋就簡，沒有什麼可取的，不過，在四年期滿，結業離校的當兒，我們能帶着這一點紀念品去到海角天涯，總可藉以稍慰我們對母校的思念吧！

　　　　　　　　　　　　　　　編　者　一九四八，六，廿五日。

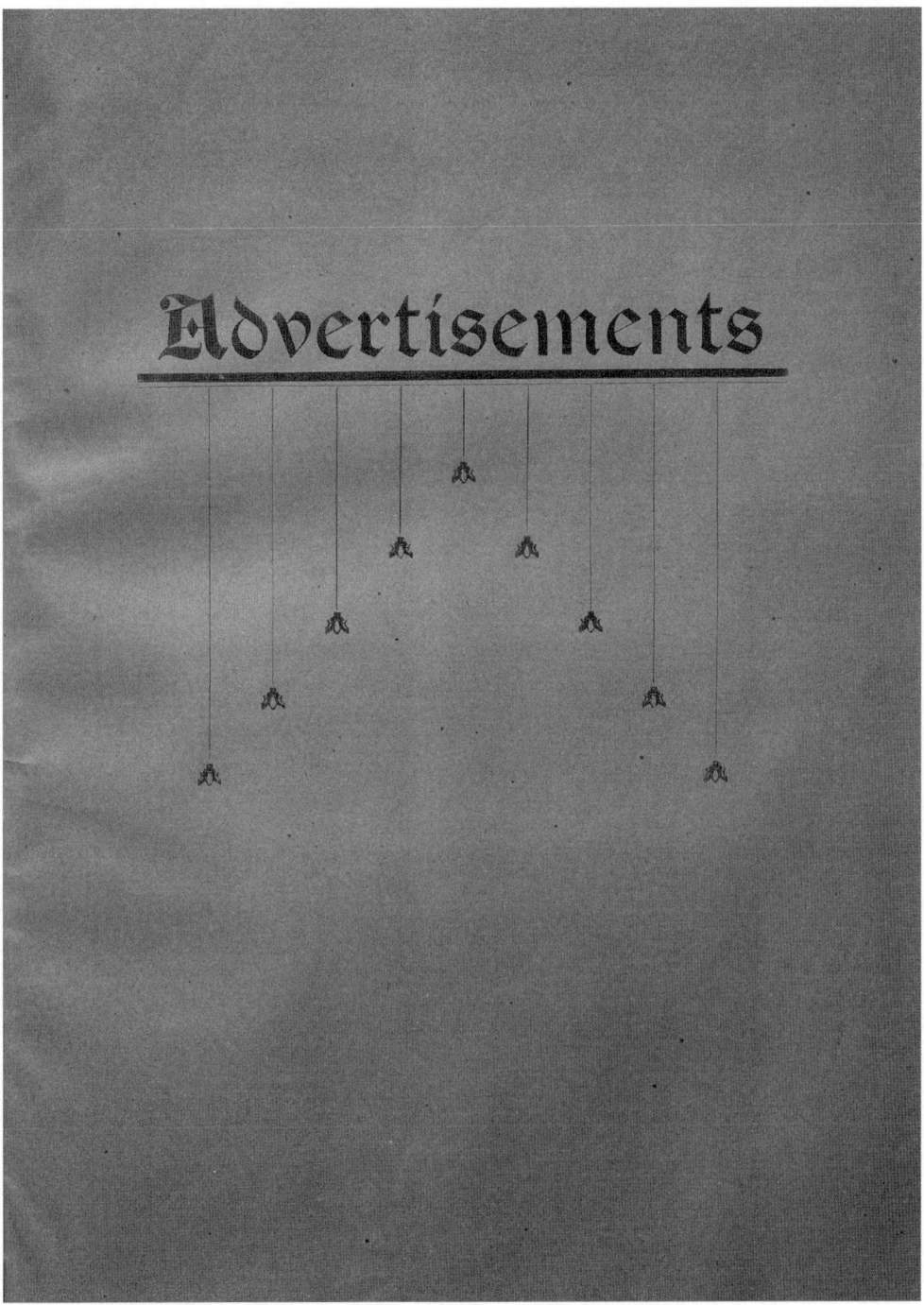

大陸銀行

經營銀行一切業務
以服務社會為宗旨

手續簡便
利息優厚

北平分行西交民巷二十號

支行
- 王府井大街一一〇號
- 東單北大街一六號
- 西單北大街一五九號
- 崇外大街甲三三號

收支處
- 清華大學校內
- 燕京大學校內
- 輔仁大學校內
- 北大醫學院內
- 北大工學院內
- 北大農學院內
- 北大附屬醫院內

上海商業儲蓄銀行

·民國四年創立·

經營一切商業銀行及儲蓄信託業務

宗旨：服務社會，
　　　輔助工商實業，
　　　發展國際貿易。

總行：上海甯波路五十號

上海分行：
　上海愚園路　　上海南京西路　　上海八仙橋　　上海林森中路
　上海徐家匯　　上海虹口　　　　上海提藍橋

全國分支行處：
　重慶　成都　萬縣　貴陽　昆明　西安　寶鷄　長沙　長沙北城　南昌
　漢口　漢口漢正街　武昌　蕪湖　南京　南京珠江路　南京下關
　南京大行宮　鎮江　常州　無錫　蘇州　香港　廣州　廣州漢民路　北平
　北平東城　北平西城　天津　天津　黃家花園　天津梨棧　青島　濟南
　蚌埠

全國輿論權威

新聞報

銷數全國第一
廣告效力第一

各地均有分銷歡迎讀者訂閱

發行 上海 新聞報館

上海漢口路二七四號 電話九四一六六

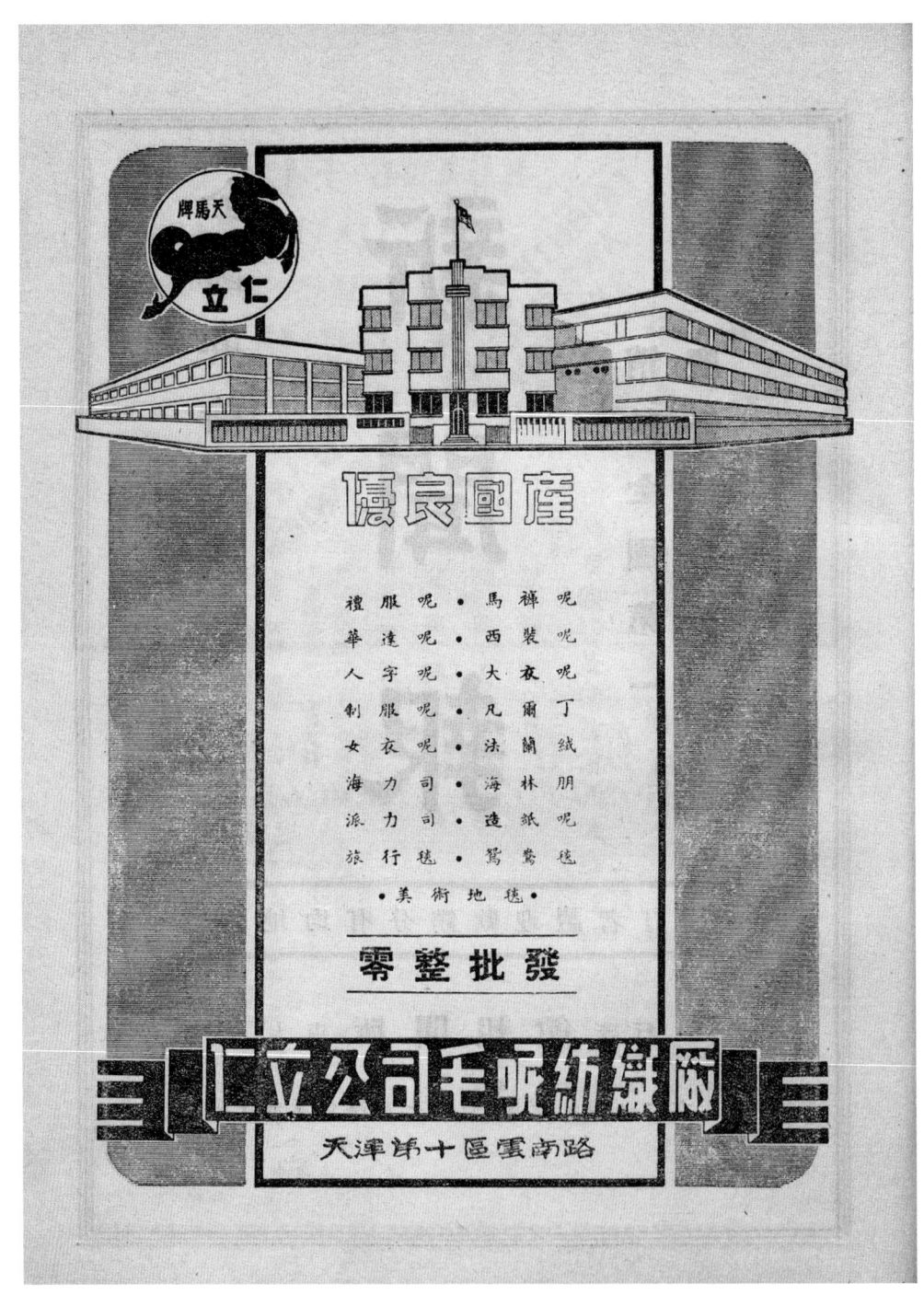

KUANG FA YUNG
WELLINTON WANG
171 BIG EMBROIDERY STREET
PEIPING CHINA

Tel. 7 — $\frac{2977}{1766}$

TRIBUTE SILKS SANITARY FURS
ANTIQUE EMBROIDERIES
STYLISH PAJAMAS

北平
廣發永
緞線貨
繡邊皮
顧花
北平東珠市口一七一號

宏豐企業股份有限公司
HONG-FONG SYNDICATE

Importers of:
**GLASS, TIRES, PAPERS,
OILS, METALS AND
WOOL, ETC.**

Exporters of:
**WOOD OIL, BRISTLES, TEA,
CEREALS AND OTHER
NATIVE PRODUCTS**

CABLE ADDRESS:　　CODES:
"HFSYNDICAT"　　BENTLEY'S
TEL. 11453-11455

主要進口
・車胎・玻璃
・油料・紙張
・羊毛・五金

主要出口
・桐油・麝香・雜糧
・猪鬃・茶葉・梧子

上海廣東路五十一號三樓
電話：一一四五三——五
電掛：九〇一九

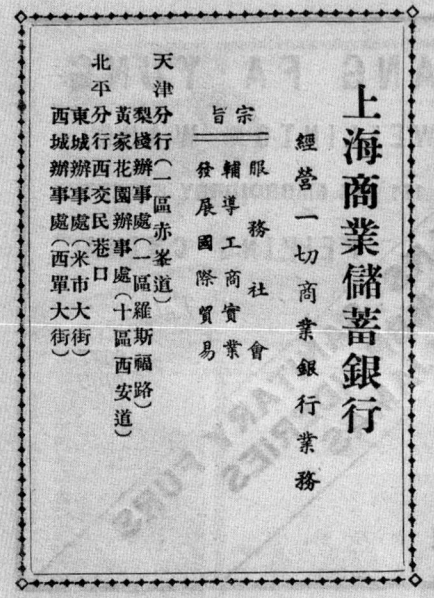

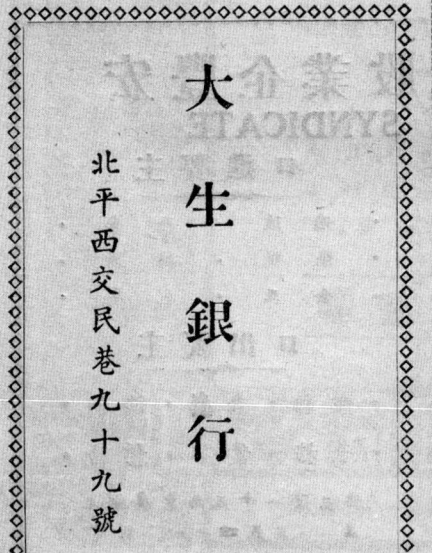

天津證券交易所

第82號經紀人

沈季琴

乾康證券行

行址：天津新華大樓三〇三號

電話 ⎧ 三・〇五二五
　　 ｜ 三・〇六六四
　　 ｜ 三・三二三二
　　 ｜ 三・一九九二
　　 ⎩ 三・〇九三五

言論公正　取材豐富
報道翔實　印刷精美
日刊一大張半　銷行遍於全國

華北日報

訂報：請電（五）〇八七八號翌晨即可送達
廣告效力宏大：惠登請電（五）二五九八接洽
社址：北平王府井大街一七號

陳森記銅模鑄字所

地址：上海北京西路四十五號

電話：九三六五六號
電報掛號：零四五零號

CHINA TRAVEL SERVICE
Peiping Office

GENERAL TOURIST AGENTS
HOTEL OPERATORS

中國旅行社

CHUNG-KUO-LÜ-HSING-SHE

經售國內外車船飛機票代客運輸辦理招待所
便利行旅　　服務社會

Main Office: 3, Hsi Chiao Ming Hsiang, Inside Chienmen.
　　　　　　Phones 3-1200, 3-1560, 3-0521
Sub Office: 281, Hataman Street Central, East City.
　　　　　　Phones 5-1739, 5-0377
　　　　　　239, Si Tan Pei Ta Chieh, West City.
　　　　　　Phones 2-3238, 2-4172
Guest Houses:
　　　　　　3, Hsi Chiao Ming Hsiang, Inside Chienman
　　　　　　Phones 3-2613, 3-3184
　　　　　　40, Chien Fu Hutung, Inside Chienmen.
　　　　　　Phones 3-1926, 3-4289
Tel. Address: "2464" "TRAVELBANK"

北平分社：　前門內西交民巷三號
東城支社：　米市大街二八一號
西城支社：　西單北大街二三九號
第一招待所：前門內西交民巷三號
第二招待所：前門內前府胡同四十號

開通煤棧

開灤烟煤・門頭溝塊煤・末煤

價廉・貨足

歡迎

機關・學校・住戶

購訂

請往

和平門外東城根街十五號

電話：南局 2278

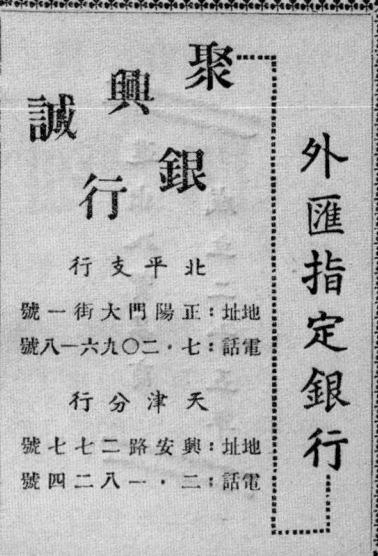

聚興誠銀行

外匯指定銀行

北平支行
地址：正陽門大街一號
電話：七・二〇九六一八號

天津分行
地址：興安路二七七號
電話：二・一八二四號

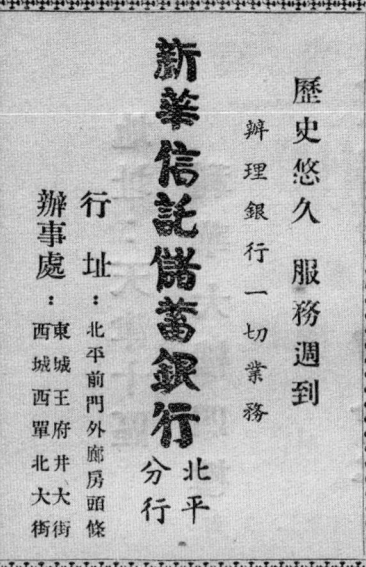

新華信託儲蓄銀行 北平分行

歷史悠久 服務週到
辦理銀行一切業務

行址：北平前門外廊房頭條
辦事處：東城王府井大街
　　　　西城西單北大街

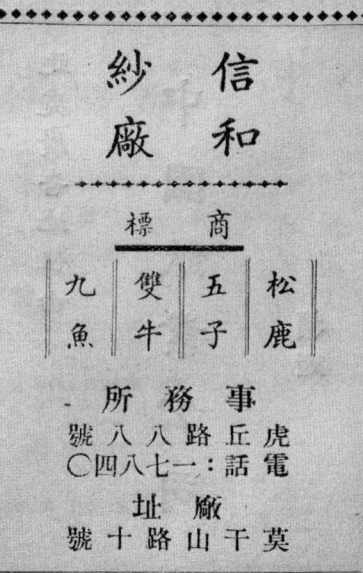

信和紗廠

商標
松鹿　五子　雙牛　九魚

事務所
地址：虎丘路八八號
電話：一七八四〇

廠址
莫干山路十號

上海南京路浙江東路

老九綸

是第一流呢絨綢緞局

金山貿易公行

進出入貿易商
成立二十五年

地址：天津十區
利華大樓四樓

上海通記證券號

上海證券交易所第210號經紀人
南京西路一二二一五號
電話 三五六三
六〇一一七

此處廣告地位由
中國紙業公司
捐贈

資源委員會
中國石油有限公司
天津營業所

銷售產品

汽油　柴油　煤油　車用機油　紅車油

地址：天津羅斯福路二二二號
電話：（二）零三三三　（二）二二六一

誠孚企業公司

總公司 · 上海江西路二一二號 ·
電話一九四一一 · 電報掛號四七八四 ·

分公司 · 天津第十區中正路久安大樓 ·
電話（三）五四六七　電報掛號一三一八 ·
　　　　　〇六九二

完全國人經營
紗布勻色不變

自紡自織自染
自造精良機器

——管理——

上海新裕紡織公司第一廠　　四蘇州路三七號
上海新裕紡織第二廠　　　　勞勃生路八號
上海新華化學工業廠　　　　星加坡路五〇號
上海誠孚鐵工廠　　　　　　澳門路五九六號
天津北洋紡織公司工廠　　　海河掛甲寺

——出品——

棉紗商標：裕新·地球牌　　　　　　　　　三老圖　多子圖
　　　　　北洋·三光牌·三穀牌　棉布商標·新裕地球牌·色布商標　新華　金牛圖　三山圖
　　　　　三聯牌　　　　　　　　　　　　新裕·地球牌　白省花
　　　　　　　　　　　　　　　　　　　　三老牌　母體圖

燕大年刊一九四八

HSU HSUN CHANG
FROM SHANGHAI
GENTLEMEN & LADIES. TAILOR

19 A ERH TIAO HUTUNG, TUNG TAN PAILOU
PEIPING
TEL. 5—2701

上海 徐順昌西服莊

君欲製質精式美之西服乎？請來

東單二條胡同甲十九號
電話 五局二七〇一

久安信託公司

收受存款　抵押放款
經營倉庫　代理保險
匯兌貼現　代客收款

地址：十區中正路九十八號
電話：(三)四六〇一——三
　　　(三)四八一六
證券部：交易所九十二號經紀人
　　　　代客買賣各種有價證券
證券部電話：(三)二四九六
　　　　　　(三)三〇七一
　　　　　　(三)二六一〇

請看：

全國輿論界權威

上海

中央日報

通訊網遍佈各地　政治新聞最敏捷
社論由專家執筆　批評態度最正大
法院公告獨家刊登　司法消息最為詳盡
一經登載本報廣告　立即發生法律效力

電話一五一四三號　經理部河南路三〇八號
電話六二五二一號（02）　編輯部羅孚路（福生路）二七號

交通銀行
═青島分行═

政府特許發展全國實業銀行
承辦國家銀行業務
兼辦商業銀行一切業務
指定辦理外匯銀行業務
全國各大城市均可通匯

地　址：	青島分行	中山路九三號	東鎮辦事處	威海路六二號
	滄口辦事處	中紡第六廠內	倉　庫	冠縣路四四號
電　話：	26674　27330　24230		電報掛號	6527 Comumback

國外分支行及代理行

分支行： 香港　海防　西貢　仰光　加爾各答　馬尼拉　宿荅
代理行： 倫敦　紐約　舊金山及澳洲各埠

太平洋保險公司
青島分公司
業務項目

火災保險
水上保險
運輸保險
汽車與意外保險
其他有關損失保險
代理國營或民營保業所委託之保險業務

地　　址　青島中山路九三號
電　　話　24045
電報掛號　7900

分支機構遍設國內外地

信譽卓著　賠款迅速

燕大校友主辦，天津報界新星，請看

新星報

純粹民營報紙。
無政治色彩，無黨派背景。
不與政潮，不預黨爭。
站在人民立場，針對建國需要。
發揚建設精神，促進全民憲政。

暢銷全國各地 廣告效力宏大
歡迎訂閱分銷 另有優待辦法

社址：天津二區博愛道二十三號
電話：（四）〇四二四・一四六四・一〇二七

中興輪船公司

經營國內外航運

＊搭客＊裝貨＊

直屬海輪

中興輪 景興輪 魯興輪 昌興輪 銘興輪 平興輪 永興輪 啟興輪 鼎興輪

地址：上海四川中路二六一號
電話：一六三八七・一二八七〇轉接各部
電報掛號・五三〇〇

分公司：天津 青島 連雲港 南京 基隆 台北

燕大校友主辦事業之一

本公司總經理 羅學濂先生 為燕京大學 一九二七級 · 校友

- 發揚電影文化
- 推行藝術教育
- 提高國片水準
- 倡導大眾娛樂

中央電影企業股份有限公司

全國戲院常年獻映中電新片 65%

- 最悠久之歷史！
  北伐開始經過抗戰直迄今日始終為本位而努力
- 最完美之設備！
  滬平三廠擁有攝影棚六座人力物力執全國牛耳
- 最大量之出品！
  戲劇片紀錄片新聞片年產六十部絕對全國第一

浦東商業儲蓄銀行

經營一切商業銀行業務
兼辦一切儲蓄業務

總　行：上海中正東路二八四號
電　話：一七四二七
電報掛號：三一八四
分　行：上海中正東路一四五六號
電　話：三三六六八
辦事處：(一)上海成都北路六九四號
電　話：三一六七四
(二)上海常熟路九三A號
電　話：七九一六八
(三)上海新橋路一二三號
倉　庫：(一)上海新橋路一二三號
(二)上海新橋路五二弄三五號

敦裕錢莊

上海市錢商業同業公會會員

經營商業銀行業務
兼辦各種儲蓄存款

—信用卓著—
服務週到

地　址……上海 江路二一四號
電　話……一五五六（轉按各部）
電報掛號……五九六三

華都　　飯店

香港
WALDORF HOTEL

6, CAUSEWAY ROAD, HONG KONG. TEL. 30291-30297
TELEGRAPHIC ADDRESS: "WALDORF" HONG KONG.

CLEAN
COMFORTABLE
CONVENIENT

★ TELEPHONE - FUNCTIONING EVERY ROOM
★ DOUBLE - ROOM WITH PRIVATE BATH
★ UNDER EXCELLENT MANAGEMENT
★ AT MODERATE RATES

電報掛號九五五三　電話三〇二九一至三〇二九七　銅鑼灣高士威道六號

馬牌洋灰

欲保工程堅固耐久請採購

附屬出品：花磚・方磚

行銷全國四十餘年品質優良
鳳大量訂貨並歡迎
政府軍事機關對
教育慈善團體
訂有優待辦法

◎包裝種類◎
蔴袋：八五公斤
蔴袋：一〇〇公斤
紙袋：五〇公斤

啟新洋灰股份有限公司

天津第一區大沽路一〇三號
電話：三一七四九・三一三〇九・三三四六二

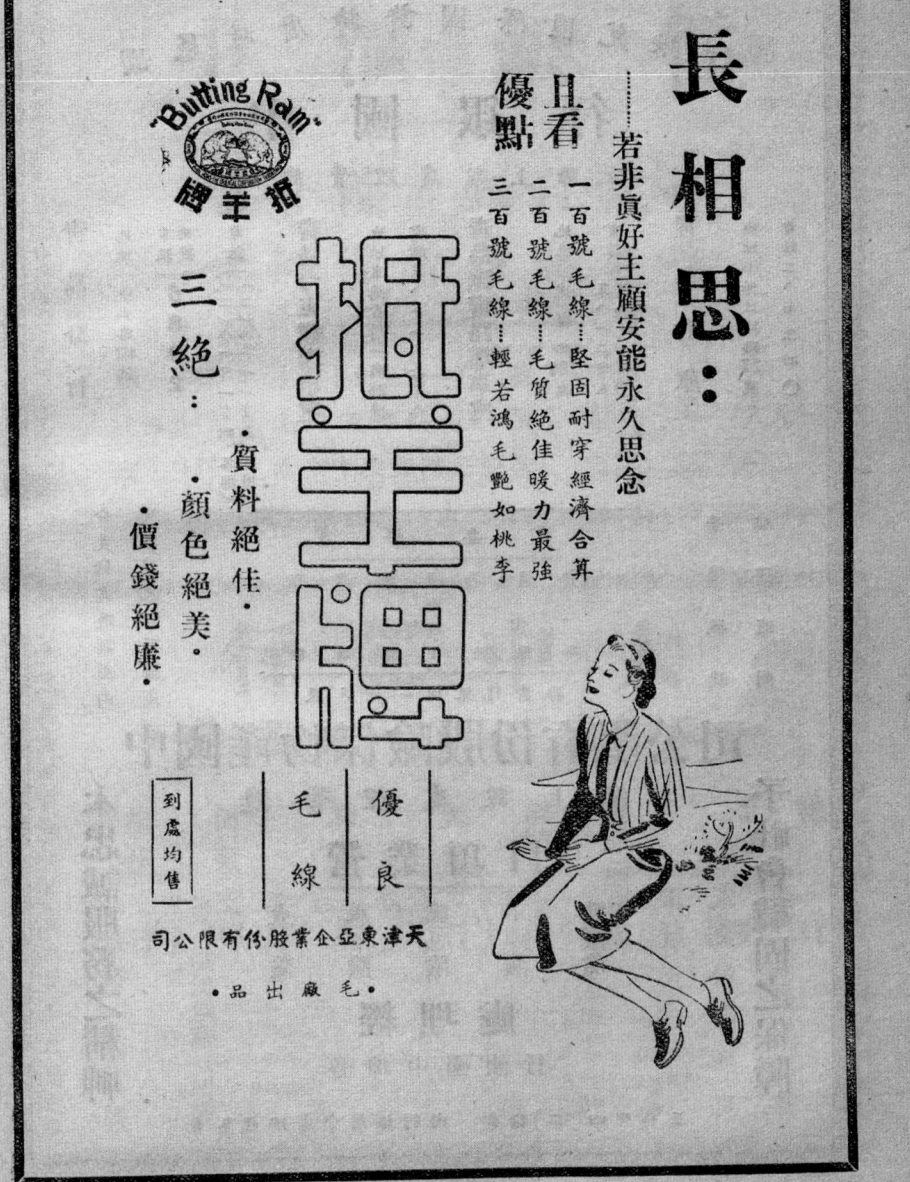

中國銀行

國民政府特許國際匯兌銀行

總管理處設上海

青島分行
地址 中山路62號
電報掛號 6892
電話 ⎰二八一三一一四（各部）
⎱二八二一一五（通用）

分支行處遍設國內外各埠凡三百餘處

青島台東鎮辦事處
地址 東鎮雲門一路26號
電話 三、一一二七一八

青島遼寗路辦事處
地址 遼寗路224號
電話 三、一一二四五
　　 三、二一一一〇

青島倉庫
地址 小港二路27號
電話 二、七三四〇

業務要目

存款
匯款
國外匯兌
信託
保管
倉庫
及其他一切銀行業務

手續敏捷
服務週到

中國產物保險股份有限公司

總管理處設上海

本忠誠服務之精神 予社會穩固之保障

營業項目

火險
水險
郵包險
車運險
飛機險

經理處

各埠中國銀行

青島經理處中國銀行內　電話（二）四八三

中滙銀行

經營商業銀行業務
兼辦儲蓄信託事項

總　　行	上海中正東路一四三號	電話	八〇一六〇
上海分行	上海天津路五〇號	電話	一一三八八
南京分行	南京中山東路二四號	電話	二二八〇二

大中銀行

——承辦商業銀行一切業務——

總行　　　上海河南路五〇一號

北平分行　東交民巷西口　電話　五・〇〇〇〇

東城辦事處　王府井大街七一八號　電話　五・五五六九五四三二一

西城辦事處　西單・北大街一〇八號　電話　二・三一七六九

天津分行　第一區中正路　電話　三・二四五六一

東馬路支行　東馬路　電話　五・〇〇〇四四六九八

河東支行　第二區民族路三〇號　電話　四・〇〇一七八〇

徐州支行　彭城路一八二六號　電話　〇・三

中國工礦銀行

辦理商業銀行一切業務
穩妥　迅速

總管處設於上海

分行 上海 漢口 青島 重慶 昆明 西安 長沙 寶雞 自貢 成都 汕頭 廈門

永興保險公司

辦理水火運輸等保險
資本雄厚　信用可靠
手續簡便　賠款迅速

總公司　上海廣東路五十一號四樓

全國各大商埠均有代理處

此處廣告地位由

北平市社會局局長

溫崇信 先生

捐贈

上海銀行公會會員銀行

福昌銀號

經營

一切商業銀行業務

地址　上海山東南路三七一四五號
電話　八七二五八・八八一九三號
電報掛號　六七六七

上海市錢商同業公會會員

交易所證券第38號

同潤錢莊

收受定期活期存款
辦理一般工商貸款
手續簡捷　服務迅速

地址：上海天津路一九五弄二一號
電話：九七五三〇　九二一七二
電報掛號：一九三七

此處廣告地位由

福成銀號

捐贈

此處廣告地位由

餘大亨銀號

捐贈

昊金記報關運輸公司

本公司以忠實為對客戶服務之本
業務宗旨以迅速節儉愛護貨物為
原則

貴客如有貨物進出口需要報關運
輸或堆存倉庫者請即與本公司接
洽無不竭誠歡迎

地址：上海福州路209號209—210室
電話：一八九二七七

中興碼頭倉庫
═工程設備簡略說明═

中興碼頭倉庫工程設備簡略說明

岸線：石駁岸全長一千呎

碼頭：浮碼頭兩座，長二百五十呎沿港澗線最低水位時深二十八呎
木碼頭兩座，斜坡伸入浦江七十呎
水泥青磚倉庫奈座，內底裝設自動保險鐵門，可停泊船舶

倉庫：鋁片鋼架倉庫兩座，每座容積約三十萬平方呎
上列倉庫五座，均距岸線五十呎，平列建第四過鋪
有水泥路面張貨總容積約一百萬平方呎

啟業地：敷地面積五十餘畝，均可堆貨三十萬平方呎

管理務：服務員嚴格訓練

交通：對江備有汽車接送客至南市公用局
       埠頭碼頭，迎車直達碼頭
       上海四川中路二六一五號

事務所：上海浦東白蓮涇（低昌廟路江南造船所到江）
        辦公室：上海浦東白蓮涇

電話：一四○六五　一二八七○
      ○二七四○一

本公司業務：
水險・火險・兵險・
郵包險・汽車險・

本公司為金融界所創辦其優點：
資金殷厚　信用昭著
保費克己　賠款迅速

太平
安平　保險公　青島分公司
豐盛

青島肥城路十六號金城大廈

電話（2）二六○八
         二六二八六

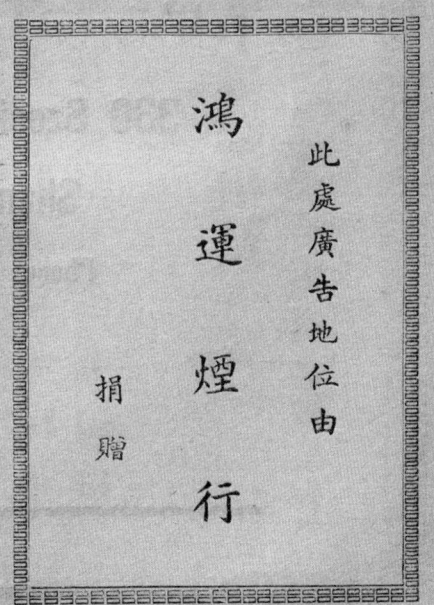

發售　各種煤炭
天豐煤棧
貨高　價錢公道

　　　　　　如蒙
　　　　　惠任
　　　　顧歡迎

開設清華園車站
電話西苑分局一三七號

此處廣告地位由

鴻運煙行

捐贈

茂孚洋行
MOLNAR & GREINER

上海四川路三三〇號
電話：一一七六四一六

330 Szechuen Road
Shanghai
Phone: 11764
11765
11766

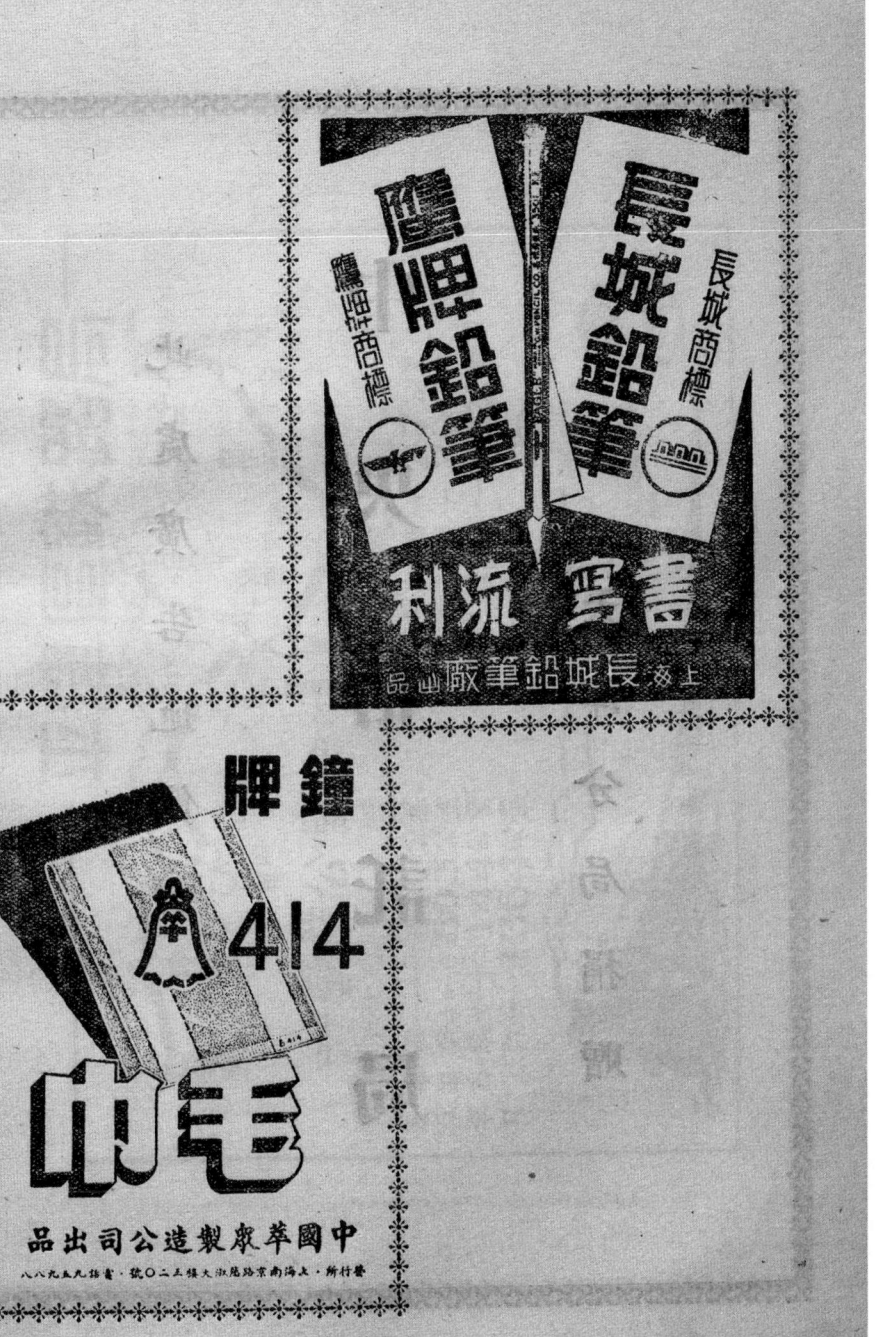

中央信託局

天津分局捐贈

此處廣告地位由

此處廣告地位由

陳永青先生捐贈

設立年月：民國三十六年十二月十八日
登記年月：民國三十六年十二月廿五日
經濟部公司註冊：設字第肆玖肆肆號
財政部營業執照：易字第貳號
經濟

天津證券交易所股份有限公司

地址：天津一區承德道五號
電話：三局 三一七七 五七七六 三一六〇 五八七九 三一六五

輔中物產
貿易股份有限公司

天津市第一區營口道五十號

Fuchung Produce and Trading Co., Ltd.

50 YINGKOW ROAD, 1ST WARD,

TIENTSIN, CHINA.

WITH COMPLIMENTS

With Compliment

of

Mr. B. L. Chiang

上海實業股份有限公司

青島分公司

地址：青島聊城路１４２號

電　話：（２） { ５９０７ / ３３１１ / ３３７３ } 號

總公司：上海虎丘路八十八號三樓

分公司：蕪湖，漢口，長沙，蚌埠，廣州，天津

　　　　瀋陽，連雲港，台北

業　務：自置輪隻多艘航行沿海及

　　　　長江各大口岸承運貨物穩

　　　　快異常服務週到

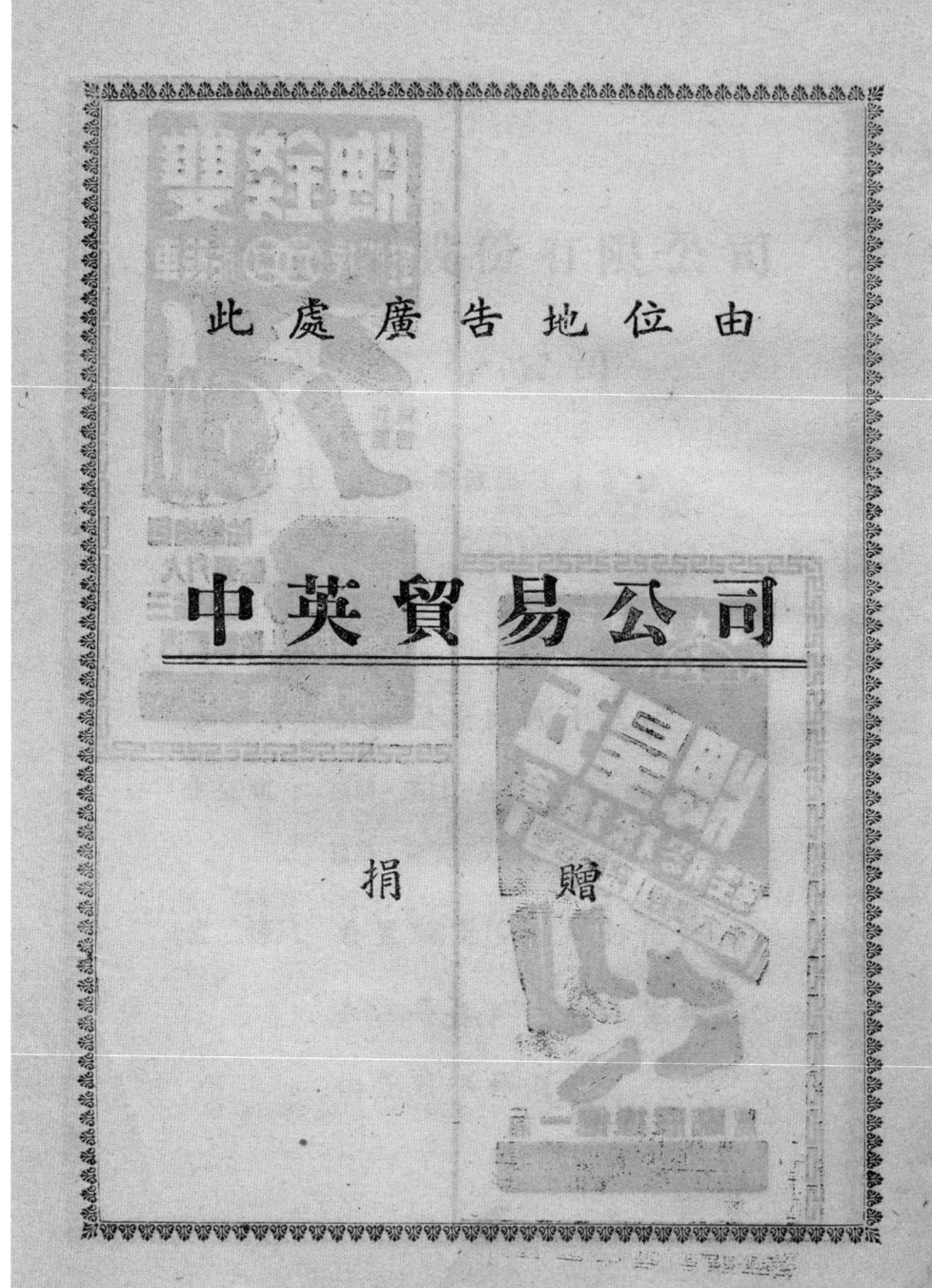

此處廣告地位由

中英貿易公司

捐贈

耀華玻璃股份有限公司

窗用平面玻璃

品質精良—行銷全國

總事務所：天津第十區大同道十九號
電報掛號 4713

上海經理處：上海漢口路五十號
電報掛號 3240

YAO HUA GLASS CO., LTD.

Manufacturers of Window & Plate Glass

HEAD CFFICE: 19 Tatung Road, Tientsin 10

Tel. Address: "4713" "Yao Hua"

SHANGHAI AGENCY: 50 Hankow Road, Shanghai

Tel. Address: "3240"

天津市銀行

此處廣告地位由

捐贈

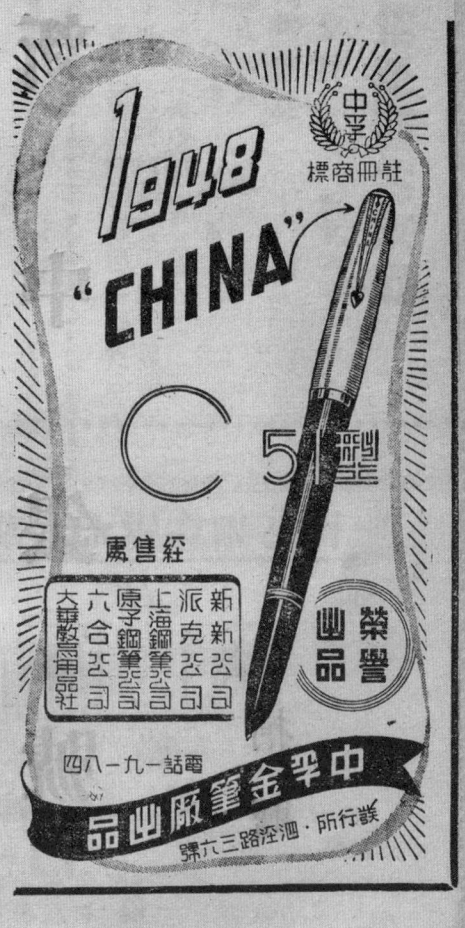

FOR CURRENT NEWS,
PLEASE READ
THE PEIPING CHRONICLE
A LEADING ENGLISH
LANGUAGE DAILY IN
NORTH CHINA
2 MEI CHA HUTUNG TEL. 5-1641

欲知世界新聞
請讀
華北冠粹之英文日報

英文北平時事日報

社址——北平煤渣胡同二號
電話——(五)一六四一號

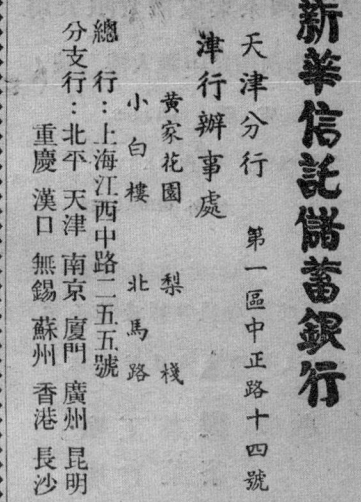

新華信託儲蓄銀行

天津分行 第一區中正路十四號
津行辦事處 黃家花園 梨栈 北馬路 小白楼
總行：上海江西中路二五五號
分支行：北平 天津 南京 廈門 廣州 昆明 重慶 漢口 無錫 蘇州 香港 長沙

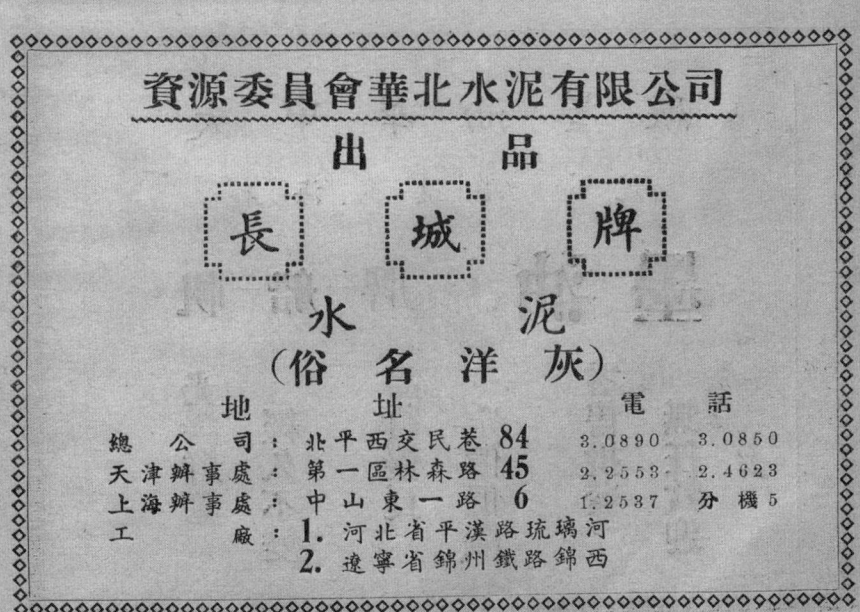

資源委員會華北水泥有限公司

出品

長 城 牌

水 泥
(俗名洋灰)

地 址	電 話
公司處：北平西交民巷84	3.0890 3.0850
辦事處：第一區林森路45	2.2553 2.4623
總辦事處：天津中山東一路6	1.2537 分機5
上海辦事處	
工廠：1. 河北省平漢路琉璃河	
2. 遼寧省錦州鐵路錦西	

燕大年刊一九四八

393

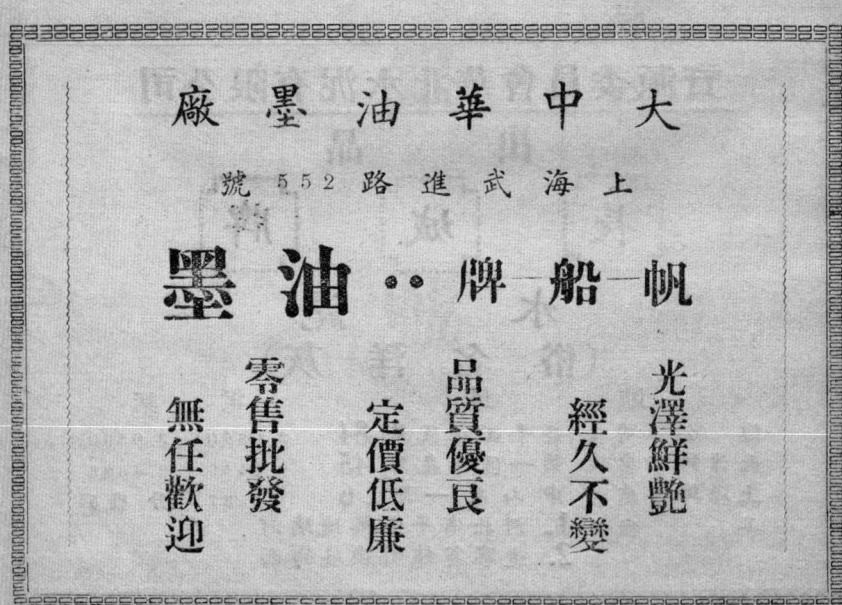

仁立實業公司
北平分公司
THE JEN LI COMPANY
MANUFACTURES & EXPORTERS
RUCS AND CARPETS
WOOLENS AND WORSTEDS
EXECUSIVE PRODUCTS OF OUR OWN MILL
GIFT AND ART SHOP
EMBROIDERIES, CLOISONNE, LACQUER
JEWELRIES, JADES, CURIOS
97 MORRISON STREET, PEIPING (0)

TELLPHONE: (5) 3966 / 3967 / 4702   CABLE: "JENLI"

電話(五)四七〇二、三九六六、三九六七號

北平(0)王府井大街九十七號
電報掛號(有線)三〇三四號

運通

ORIENTAL SHIPPING AGENCY
AGENT FOR PACIFIC, FAR FAST LINES
SAN FRANCISCO, U. S. A.

20 Harbin Road	Tels.: 34544	Cable Add. Oriental
Tientsin	30080	Tientsin
	32102	
	33403	

運通

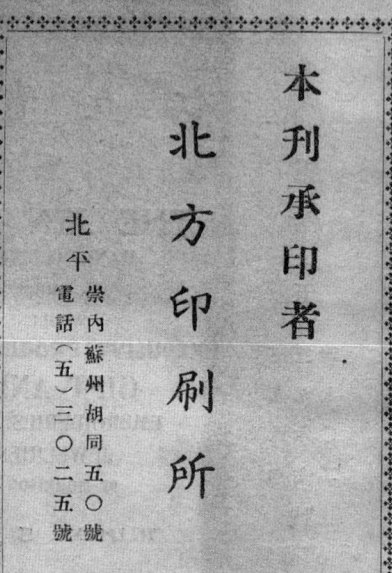

燕大年刊一九五〇

就目前所知，《燕大年刊一九五〇》是本館所藏的最後一册燕京大學畢業年刊。1952年院系調整，燕京大學主體併入北京大學，相關工作頭緒繁多，當年極有可能未出年刊，據館藏看，1951年也可能未出版，故本年刊可能也就成爲最後一年的燕京大學畢業年刊。此外，1949年1月31日，北平和平解放，燕京大學進入新的變革時期，當年也許未出年刊。本年年刊委員會主席爲五〇級班會主席、教育系的沈瑞奉，總編輯爲新聞系的鄭天增。

本年年刊首先是校訓和校歌，所不同者，校歌沒有曲譜，但是增加了英文。

此後是燕京大學校長陸志韋的"題一九五〇年年刊"，陸校長在題詞中說："中華人民共和國的第一届大學畢業生，前無古人，後無來者。去年夏天，畢業的同學還免不了呱咕兩個小問題。一是出路究竟有沒有把握，二是集中政治教育是怎樣一回事。今年是無憂無慮的了。國家建設已經上了軌道，我們對於政治的認識進步了好些，最近又很能專心業務。所以出了校門之後，大家都能自信爲人民服務，確有把握。"

本年年刊委員會的"寫在前面"，詳細說明了本年年刊與之前年刊的區别："翻開歷年來的年刊一看，裏面除了一些誇耀少爺小姐們的'高級'享受外，就是些'憶……''别……'等前途渺茫的灰色調子。圖片文章雖然豐富，印刷裝幀雖然'闊氣'，却掩不住抑鬱、彷徨的情緒。"今年的年刊編纂者則"決定破例以'短小精悍'爲原則,在內容方面盡量精簡。如歷年必刊的教職員照片,我們忍痛犧牲了,只刊出陸志韋先生的照片作代表;尤其是校景和生活照片等這些費錢的玩藝兒也只得割愛了"。畢業生們"都懷着一顆興奮跳躍的心,準備着,準備着投入建設祖國的偉大浪潮裏"。

此後是"本校沿革",僅用一頁篇幅,簡述燕京大學從其前身通州協和大學到1949年北平解放的主要發展經過。

"本校沿革"之後是金慶瀛的"四年回顧——代班史",較詳細地回顧了1950級在解放戰爭時期的學生運動,在北平解放後的"自我改造",紀念"五一"勞動節和"五四"運動等重要內容。

此後是一組類似於之前《燕大年刊》"文藝"部分的文字,本年刊"編後話"指出,"以前,大家翻年刊,翻到'文藝',就和廣告一樣,一掠而過;今年,我們的重點是在前面,多少是有革命性的"。這些文字不僅排在前面,而且具有比較強的時代性,多是積極投身祖國建設的內容,少了"風花雪月"。如譚恩菊的《今天我所了解的畢業意義》一文中說"什麼是我們的真'文憑'呢?畢業了,要服務去了";趙行道的《寫給燕園的大孩子們》一文中說"因爲有了你們,燕園這座窰才不只出產瓷器,而出產築路蓋屋的磚瓦";鄭天增的《主人感》一文中說,"一個主人翁不僅要享權利,同時也該盡義務。否則,只是'半個'主人";趙文樸的《寫給畢業後的我》一文中說,"你應當把握現在,團結更多可愛的朋友,在實際工作中加緊學習,努力建設更美好的新中國!"李春美的《南下片段》則記錄自己參加南下解放軍的見聞。

當然也有記錄燕大學生籃球隊的"關於燕隊";描寫燕園風景建築的"燕園漫步";反映燕大學生餐飲的"吃在燕京";捕捉五○級同學特點的"五○點將錄";搜集各系趣事的"系級鱗爪"……正如本年刊"編後話"所說,"有幾篇生活鱗爪和'淘氣文章',使這本年刊顯得活潑了不少"。

本年刊未刊登教職員照片，但有一幅鄭天增作的教職員漫畫。

畢業生單人畢業照之前，有1950級同學合影。畢業生單人照片部分，增加了他人或自己寫的小傳。刊登照片和小傳的畢業生有94人，另有一人有小傳無照片。又有18人未交照片。

畢業生中最有名的當屬西語系的周汝昌（1918—2012），紅學家，古典文學研究家。歷任華西大學、四川大學外文系講師。1954年調任人民文學出版社編輯。曾任中國藝術研究院顧問兼研究員。同學給他寫的小傳："老誠持重，沉默寡言。刻苦自學，斐陶斐會員。"周氏1939年考入燕京大學西語系，1941年太平洋戰爭爆發後燕京大學被日軍關閉，因此學業中輟，1947年復入燕大就讀。

燕大年刊
一九五〇

校訓

因真理　得自由　以服務

FREEDOM
Through
TRUTH
for
SERVICE

校歌

(一) 雄哉壯哉燕京大學，輪奐美且崇；
　　人文薈萃中外交孚，聲譽滿寰中。
　　燕京燕京事業浩瀚，規模更恢宏；
　　人才輩出服務同羣，為國效藎忠。
(二) 良師益友如琢如磨，情志每相同。
　　踴躍奮進探求真理，自由生活豐。

Lift we high united voices, Joyfully we sing;
Loud in praise of Alma Mater, Glorious Yenching.
Lured from every part of China, Here to old Peking.
We as one our College honor, Hail O Hail, Yenching.

題一九五〇年年刊

陸志韋

中華人民共和國的第一屆大學畢業生，前無古人，後無來者。

去年夏天，畢業的同學還免不了嘀咕兩個小問題。一是出路究竟有沒有把握，二是集中政治教育是怎樣一回事。今年是無憂無慮的了。國家建設已經上了軌道，我們對於政治的認識進步了好些，最近又很能專心業務。所以出了校門之後，大家都能自信爲人民服務，確有把握。只要我們對於物質生活沒有過份的不合乎現勢的要求，我們應當是快樂的。我簡直不能想像從古以來有比我們更快樂的念書人了。

從前臨到畢業，總不免會想到我是「燕京人」，人家心目中有個「燕京人」，我也得好好的做一個「燕京人」。現在連這一點自豪心，或是自卑心，都不必計較了。這並不是叫大家忘記了燕京，不再想念燕京的紀律，燕京的服務精神，只是說燕京是更名正言順的爲人民設立的。不能爲人民服務的，那怕是同班畢業，算不上朋友。能爲人民服務的，中國人是一家。看我們能不能在工作崗位上證明燕京的教育眞會叫人努力，活潑，謙虛，合作。看我們能不能保持「價廉物美」的老牌子。我們的校訓是「因眞理得自由以服務」。

寫在前面

今年辦年刊的心緒，和以往迥然不同。

翻開歷年來的年刊一看，裏面除了一些誇耀少爺小姐們的「高級」享受外，就是些「憶……」，「別……」等前途渺茫的灰色調子。圖片文章雖然豐富，印刷裝幀雖然「闊氣」，却掩不住抑鬱、徬徨的情緒。是的，在反動派的魔掌下，面對着一個「畢業即失業」的黑暗前途，又怎能不失望、不悲觀、不惆悵呢！

經過了天翻地覆的人民解放戰爭，新中國像雄獅一樣在東方站起來了。在經濟、文化建設高潮的前夕，頭上，是明朗的天空；面前，是寬闊的大道；每個工作崗位上，都是歡迎的手。我們都懷着一顆興奮跳躍的心，準備着，準備着投入建設祖國的偉大浪潮裏。

四年中，我們經歷了兩個時代：從苦難到幸福，從黑夜到天明；四年中，我們變換了兩個人生：從悲觀到希望，從動搖到堅定。為了紀念這不平凡的四年，大家都願意編一本年刊，那怕是簡陋一點。因此，我們的年刊委員會在同學推舉下誕生了。

人力的問題容易解決，經濟却有着相當困難。所以，我們決定破例以「短小精悍」為原則，在內容方面盡量精簡。如歷年必刊的教職員照片，我們忍痛犧牲了，只刊出陸志韋先生的照片作代表；尤其是校景和生活照片等這些費錢的玩藝兒也只得割愛了。

現在，呈現於大家面前的只是這末一本薄薄的小冊子。不管它的面貌像不像「年刊」，但我們却像媽媽愛兒子一樣地珍惜它，因為，這裏面，每一個畢業同學都為它在緊張、忙碌的學習生活中抽出可貴的時間來，盡了一分力量。

一九五〇年刊委員會
1950.6.20.

本校沿革

燕京是私立的教會大學，追溯其歷史則要回到六十年前。一八八九年公理會在通州成立協合大學，同時美以美會在北京也創辦了匯文大學；其後兩校各自進展，規模略具。一九一八年，兩校協議合併爲「文理科大學」，校址在崇文門內盔甲廠。當時，教職員僅十九人，學生也不過七十五名。初由前匯文大學校長劉海瀾先生代理校政，一九一九年春末，才正式聘請司徒雷登爲校長。一九二〇年，北京協和女大加入，女校址在燈市口現貝滿高中所在地。男女兩校名雖合而實仍各自爲政。其後校務日漸發展，城內校舍不敷應用，乃在西郊海淀覓妥新址。一九二一開始鳩工建築，歷時五載，這綺麗堂皇的校舍才算大致完成，城內男女兩校遂同時遷入。

一九二六，遜清翰林吳雷川先生担任副校長，一九二九夏取消文理兩科，改設文理法三院，按當時國民黨規定，外人不得任中國大學校長，所以正式聘吳雷川先生担任校長(Chancellor)但實際校務的主持，則仍在校務長(President)司徒雷登手中。一九三四陸志韋先生代理校長。一九三七，七七事變發生，國立名院校被迫南遷，燕京靠了特殊立場得以獨留北方。當時大批青年，被國民黨政府拋棄在淪陷區，他們不甘心受敵人的奴化教育，唯一的希望便是「走向燕京」，一時衆望所歸，羣英畢至，燕京大遭敵人妒視。一九四一，十二月八日，太平洋戰爭爆發，燕京首遭封閉，重要教職員三十多人被捕，學校被迫解散。大批教師同學，越過敵人封鎖線，流亡到內地，在極端惡劣的條件下，積極籌備復學。一九四二年秋，成都陝西街華美女中的校門上，掛出了「燕京大學」的招牌，五百多同學在梅貽寶和吳鑑先生主持下，因陋就簡地苦撐了三四年。

一九四五，日本投降，燕京被師生軍獲自由。同年十月十日，北京燕京在驚人速度下復課。四六夏，成都燕京師生先後復員，蓉京兩校合而爲一。四七年夏，司徒雷登初志出任美國駐華大使，學校行政由校務委員會主持，但因主席陸志韋先生適值休假，故由化學系主任教授竇維廉 Dr. W. Adolph 代理校務長職務。四八年，陸先生銷假復職。四九年春，北京解放，全校師生在陸先生領導下，共同渡過了那艱苦的時期而進入欣欣向榮的新階段。

四年回顧
——代班史——

○金慶瀛○

一九四六年的秋天我們走進燕京的大門；現在，又向燕京告別。四年中，我們經歷了中國歷史上的兩個時代——由黑暗的反動統治到光輝的人民世紀。我們曾親眼看到中國幾千年來未有過的暴君的死亡；也親眼看到人民的新中國的誕生。這樣的經歷是不平凡的。

我們是抱着不同的愛好來燕京讀書的。但是，四年中有一半以上的時光我們沒有能安心學習。「天快亮，更黑暗」，在生與死的搏鬥中，我們支付了無數的血汗，生命，渡過了中國歷史上最黑暗的兩年。

四六的秋天，蔣介石發動了全面內戰。隨着戰火的擴大是物價狂漲和人民災難的日益深重。中國的學生們已經不能再勒緊褲帶用功讀書了！在燕京，復員帶來的「古樹聲」和「茶館小調」唱的人愈來愈少，因為對於一個古舊的社會已不是諷刺和牢騷可以促其死亡，而是要站起來準備戰鬥，準備集中一切的力量把它毀滅。

四六年底，駐平美軍皮爾遜對北大一女同學的暴行激起了全國同學的憤怒。以抗暴運動為起點，如火如荼的學生運動在全國展開了。單純的了解「抗暴」僅是「反美」是不正確的。相反地，它却具有深刻的政治和社會意義。事實很清楚，蔣介石之敢於發動內戰，是稟承了美國帝國主義底指使和援助。繼承了「一二一」反內戰光榮傳統的「抗暴」，便充分具備着中國人民的「反帝」使命。

在美帝助長下的中國內戰激烈地進行着，蔣匪一面對中國人民瘋狂屠殺，一面通過濫發紙幣來掠奪人民的財富，物價如脫韁野馬。在燕京，能保持日食三頓絲糕已經不是一件容易的事，膳委傷透了腦筋，大伙同學也是吃了今天不知道有沒有明天。戰亂，饑餓，同學們從自己身受的痛苦中認識到人民的苦難，忍受已經到了極限，「反饑餓」的呼聲首先在京滬發難，很快地就擴展到平津，「向炮口要飯吃！」「反饑餓，反內戰！」四七年的五月學運，在中國人民解放鬥爭史上寫下了壯烈的詩篇。

學運教導了我們；使我們更能認凊真理。中國的解放不祇是要推翻反動的王朝，更要澈底地反對帝國主義的侵略。不祇是要從中國趕走西方的帝國主義，更要防止東方帝國主義的再起。二次大戰後的日本侵略勢力，在美帝扶植下不但未消滅，反而日益擴張。中國人民的眼睛是雪亮的，司徒的聲明並不能掩蓋美國武裝日本的事實。四八年六月的反扶日運動，中國學生以行動答覆了司徒先生的謊言。在這一次運動中，燕京的同學否定了偏私，又一次表現了對真理的熱愛。

在與時代的逆流搏鬥的日子里，雖然迫害一次比一次來得殘暴，雖然我們要時時準備着流血，但我們並未忘掉學習。反內戰要求尚未實現，而戰火卻帶來了嚴重的教育危機。同學們清楚地認識到如果在此時還求助於反動派，實是一種幻想。在「一切依靠自己」的口號下，平津各校熱烈地展開了助學運動。同學們憑藉了自己的力量，憑藉了社會的支持，搶救出一千多位瀕於失學的伙伴。在助學運動中，燕京的同學表現了崇高的兄弟般的友愛，不怕烈日，不怕暴風，忘掉了睡眠和休息，在三天助學運動中創造了最高紀錄。

四八年的下半年，局勢愈來愈爲險惡，反動派前線不斷失利；後方經濟愈趨衰敗，蔣介石，在垂死的掙扎中，要盡可能的絞殺一切革命力量。隨着「總動員令」的宣佈，又是一次清除「職業學生」的大迫害。

反動派的猙獰面目完全暴露出來了！

八月十一日，燕京人永遠難忘的一天。校外佈滿了武裝軍警，和戴黑色眼鏡的流氓。數十個警憲拿着「特刑庭」的拘傳票闖進校園，聲言逮捕我們的三十一位同伴（其中有五○級的樊景訓、晏蘇民、馮祥光、劉爲佺、陶正綿、楊宗禹等六人）。我們最親密的戰友，就在這種非法逮捕之下，不得不離開我們，而飛向了自由的天地。

在艱苦的歲月裏，我們的師長曾給予了我們無比的鼓舞和力量。在「反內戰呼籲和平宣言」中，在燕大教授「對學潮主張宣言」中以及在「燕大教職員歷次抗議國民黨匪軍迫害學生的宣言」中，我們的先生不祇是揭發了，痛斥了國民黨的罪惡，同時還明確地指示了我們如要獲得最後的勝利，需要「進行持久的努力」。在課堂上我們得到了先生的教誨，在實際鬥爭中我們更獲得了先生的關心愛護。

從四六到四八，從抗暴到大迫害，中國的學生在不斷鬥爭中認清了敵人，認識到自已應走的道路。兩年中，我們有無數的伙伴為了和平民主、自由，貢獻了他們的生命；我們有無數的伙伴為保障人權被特務們捉去坐牢。但是他們的鮮血沒有虛擲，因為廣大的中國青年已經找到真理，同時也更明確了自己的任務。

　　我們是受過損失的，我們之間也鬧過意見。但這一切都不能迫使我們離開真理。兩年中，燕京人永遠是站在戰鬥的最前線，而我們這群五〇級的小兵也在歷次戰役中學會了戰鬥。每一次學運對我們都是一種教育；每一次迫害對我們都是一種試煉。在鬥爭中我們累壘了經驗；在鬥爭中我們的意志鍛鍊得更堅強。我們是——敢於驕傲的說——在戰鬥裡成長起來的。

　　四八年的冬天，在戰場上，反動派再也立不起來了。隨着東北戰役的結束，平津一帶戰雲低迷，在學校裡，經過大迫害後，表面上一度呈現了低潮狀態，但是誰也沒有畏縮，相反地我們却檢點了自已的隊伍，準備迎接即將到來的光明。

　　四八年十二月十三日，一聲炮響，燕京清華首先獲得解放，兩年來堅持在敵後戰鬥的青年學生和英勇的人民戰士，第一次在北京舉行了歷史性的會師。新生的燕園，掀起了狂熱的演劇，縱情的歌唱，縱情的歡笑。彼此祝賀着自己的勝利，人民的勝利。

　　隨着北京的和平解放，隨着革命勝利的不斷向前發展，富有光榮革命傳統的燕京同學們又肩負了新的歷史任務，投身在革命的洪爐裏，把自已獻給勞苦大衆。從四九年一月到三月，燕京的同學們一批一批的離開了學校，參加了北京市的區保工作，參加了南下工作團。

　　生在中國歷史轉變的年代，我們該是多麼值得驕傲的呢！昏暗日子過去了，擺在我們面前的是一個嶄新的，人民的新中國。在過去，統治者阻撓我們過問政治，今天中國的青年學生都獲得了充分參加政治的自由；在過去我們偷偷地躱在宿舍角落裏讀『禁書』；今天我們都充分地享有學習革命理論的權利。自由、和平、民主，中國人民多年爭取的人權，在今天獲得了充分的保障。

　　四九年十月一日，中華人民共和國誕生的一天，當燕京的隊伍出現在人民的首都，出現在紅色的天安門前的時候，當我們高呼『毛主席萬歲！』毛主席回答我們『青年同志們萬歲！』的時候，我們聽到千千萬萬的中國人民莊嚴地向世界宣佈：「中國人民從此站立起了。」全國的人民都在為自己的解放而歡呼，全世界愛好和平的人民都在祝賀着我們的勝利。是的，中國人民是從此站立起來了。

但是，新生的中國還是一個剛剛成長的幼芽，多年戰爭的創痕還需要好好地醫治。敵人是倒下去了，那麼，在今天擺在我們面前的任務是甚麼呢？

當「搞好學習」，「改造自己」的口號第一次在燕園裏提出的時候，同學們對它的認識還是模糊的，「學生的任務當然是學習，但學什麼呢？為誰學習呢？」舊的一套已經不能滿足廣大同學的要求，而新的尚待建立，在這個蛻變過程中，同學們有些茫然了。

經過四九年中的課程改革討論，經過半年的政治大課（社會發展史，歷史唯物論）的學習，同學們已經初步認識到一切主觀的要求是不能越過或違反客觀事物的發展規律的；任何新的創造，只有依靠群衆的力量和智慧才能產生出來。

半年的政治課學習，我們的收穫是豐富的。我們不祇在理論上接受了馬列主義的幾個基本觀點，我們更認識到「知識份子改造」的必要。舊社會加給我們的包袱是沉重的，奴化教育留給我們的遺毒還很深，但是我們有決心把它拋掉，有決心把它徹底清除。

誰也不能否認，知識份子的改造需要經過長期而痛苦的過程，單祇依靠課堂的學習是不够的，還需要不斷地在實際工作中學習，在實際鬥爭中磨煉。

四九年的寒假，燕京的六十九位同學參加了京郊的土改工作，他們不祇要求在工作中和工農結合改造自己，更光榮的是他們親身參加了剷除中國封建老根的革命大業。

土改歸來的同學親切地告訴我們：為工農服務是知識份子唯一的道路。

路認清了，任務明確了，決心走這條路的人是誰也不甘落後的，隨着革命秩序的逐趨鞏固和全國經濟建設的普遍開展，五〇年的春天，燕園裏又掀起學習和生產的熱潮。

勞動生產對了我們是生疏的，但我們願意嘗試。掘地，下種，澆水，汗滴到土中，幼苗一天天的茁壯，長大，當我們滿抱着碧綠的勝利果實的時候，每個人的嘴大張地笑了。——我們用自己的勞力為社會創造了財富，我們從具體的勞動中證驗了勞動人民的生活。

在學好正課方面，同學們對學生任務的了解和燕京學習水平的普遍提高，不是一兩次的號召可以達成的。而是在隨著革命形勢的飛躍發展，大課學習，和生動的實際生活的教育而逐步提高的。一個學期的新民主主義論學習，同學們不但深刻地了解了中國革命的發展道路與經驗，同時更明確了蔣匪幫的罪惡與反人民的本質。由於對中國革命的總路線及總政策的認識，許多同學增高了對自己的政府的熱愛。

紅色的五月。在暗無天日的恐怖時代，雖然我們是懷著沉重的心情來紀念，雖然我們是在特務，皮鞭，和恐嚇的威脅下共同渡過這個多難的日子。但我們相信，終有一天，中國的青年會衝破一切，自由地歡度自己的節日。這一天終究來到了，沒有一個人會讓它悄悄逝去的。「五一」「五四」首都三十萬青年學生和工人滙合成了一股巨流。在毛主席的檢閱下，風沙和暴雨都不能阻止我們強大隊伍的前進。當「燕大同志們萬歲」的呼聲衝擊著每一個同學的心扉的時候，我們深深地感到了中國的青年是真正的做了國家的主人。我們的祖國是有著無限光明的前途的。因之，歷史付予我們的任務也就更重大。

戰鬥、學習、改造，四年的大學生活，充滿了血淚的教訓和光輝的事跡。我們曾和反動的統治作過長期的鬥爭，我們更堅決地背叛了自己的階級意識，我們是犯過錯誤的，我們的學習還很不夠。但是青年人堅毅的熱情和活力會使我們不斷的改造和進步。

感謝四年來師長對我們的撫育，感謝同學對我們的友愛和鼓勵。在向燕京告別的今天，我們深深地感到自己責任的重大。生活在毛澤東年代的中國青年是幸福的，是值得驕傲的。我們將要光榮地走向社會，肩負起建設的重任，為我們祖國的輝煌前途而努力。

一九五〇年六月

×××××系級鱗爪×××××

▲教育系共二十六名同學，僅有四位男士，號稱「四大金剛」。其實，四大金剛徒有其名，一位是體弱多病，一位是溫文有禮，一位則嬌小玲瓏，一位則外強中虛。今年兩位畢業後，僅餘「哼哈二將」矣！

▲今年返校節，本系教材教具展覽室大受歡迎。其中有估計測驗，（算術教材），神燈、猜謎匣（國語教材），幻燈遊戲（自然教材）。不論男女老少均感興趣，猜謎得獎，受教育于不不知。

×××××教育系×××××

 今天我所了解的畢業意義

·譚恩菊·

一年一度的「畢業」今年也輪到我頭上來了。編輯先生真有辦法，我似乎也要寫篇東西了。我就談談現在我對畢業的了解罷！

從我高中起，見到人家大學畢業就羨慕的了不得：大學念完了眞神氣，有機會還可以留學，再回來可就「博士」了。爸爸媽媽也這樣鼓勵我"中國念大學的女孩子這麼少，你能念了大學就更替家裏增光了，咱們家裏女孩子中還只你一個入大學哩！……等畢了業不但……而且找對象……"，但是我的同學和我的哥哥們畢業以後告訴我的是「畢業卽失業」、「要工作，得有人情。」這個社會（國民黨時代）太黑暗了，貪污腐化，生活在社會中那裏像在學校好呢！」……。這一切，好面子的虛榮心，和怕困難的恐懼心的矛盾，就使我日漸消極起來了。

解放了，一切起了新的變化，我的種種不正確的思想也一步步地在政治課學習和同學的幫助下解決了。我理想的社會已經到了，我前幾年那種學習目的起了根本的變化，例如：

一、以往我選課時總看容易不容易Pass，目前不然了，我在選課時就想着怎樣把我的選修課和必修課能更好地配合起來，怎樣才能更充實我所要學的東西。

二、從前上課時不大聽講，不懂也不問，很少和別人一塊念書。現在不懂，一定問，努力自學也向同學們學習，並且幫助同學。

三、我是學教育的，解放前我一去教小孩時很少準備，拿起來就教，心想這有什麼可準備的呢？目前改變了，一定要使理論連繫實際，好好準備，並研究教學上的問題。……

因爲自己批判了不正確的思想，認清了新的社會和新的需要，我要趕快學習，把自己培養成爲一個新中國的有用人才。

但是，到了「畢業」了，我眞不想走。因爲我實在還想在學校裏和先生同學一起再好好從頭學起。我們必須「畢業」了，我深深地感到目前這張「文憑」對我們只是個紙上證明罷了，因爲我以往所學的東西今天能用的太少了。

什麼是我們眞「文憑」呢？畢業了，要服務去了，

拿什麼去服務呢？我想：我們的眞正「文憑」就是「在服務中人民給我們的

批評」。目前學校的功課雖然告一段落，出去以後還是可以再繼續學習的。我決心在工作中再繼續努力學習，鑽研工作，向羣衆學習，不斷地充實自己，全心全意爲新中國的教育事業而努力，爭取獲得人民羣衆給我一個久遠的，光榮的「文憑」。

寫給燕園的大孩子們　趙行道

離開了燕園，有些懷念。

倒不是爲了那些花兒草兒什麼的，——生活並不是因爲有了牠們才有意義。只是有些想念你們……

一位老大哥在去年離開我們的時候說：「這兒眞舒服，也太毀人了。」說這話的時候，我想他一定把大夥兒給忘了。不錯，燕園是一座皇宮，可是生活在這兒的並不都是王子和公主。

在過去艱苦的日子裏，是誰爲我們最起碼的營養，在「自助商店」當跑堂，在大熱天包工拆牆運磚？是誰像牲口一樣地磨花生醬？

在城裏向坐在汽車裏的老爺們低聲下氣地籌助摩募捐的是你們；打着抗暴，反飢餓，反內戰，反迫害，反扶日的大旗，大膽開進城去，在日曬雨打，警犬包圍，及鞭木棍，以至刺刀步槍的威脅之下，爲着眞理和正義，高聲喊出：「這不行！」的是你們。

在迎接解放的日子，在咱們的伙伴們拍紅了手掌，嘶啞了喉嚨，歡迎咱們自己的隊伍的時候，悄悄地離開了這個「家」，到部隊、到工廠、到農村去的是你們。

在祖國要邁開大步建設的今天，你們一方面向堅固的「業務」堡壘下攻擊令，一方面耐心地，一句一句，不洩氣地在我心坎裏說：「兄弟！這是舊社會給你留下的病根子，得改啊！」你們改造了我，也幫助了更多的伙伴們認淸了現實。

因爲有了你們，燕園這座窰才不只出產陳瓷，而出產築路蓋屋的磚瓦。

因爲有了你們，燕園人的心靈才更踏實地向上生長——從安逸和陶醉中向上生長；生活才從空虛走向充實，從蒼白走向豐滿。

祝福你們永遠年靑，更好地工作。想着等咱們再見面的時候，你們成爲一支更壯大的隊伍。

一九五〇年六月十日．燕京

 「主人感」　・鄭天增・

從解放的那天起，中國人民事實上就已經作了自己的主人。但是我自己有這種「主人翁」的感覺還是最近的事。應該指出：這是事實的教育打開了我感情的鎖；政治課的教育推開了我理智的門，我就進到人民自己的房子裏，作了主人。

我上大課，一向是以「主顧」的姿態去逛逛「市場」，聽聽「老板」們的宣傳的。反正「賣瓜的不說瓜苦，賣酒的不說酒酸」，「堅固耐久，物美價廉」……我不大相信這一套；我要的是「拿出貨色來！」

貨色也拿出了幾樣：轟轟烈烈的開國大典，我覺得它只是「裝璜美麗，未必實用」；發行公債，我恐怕它既不「堅固耐久」，又不「物美價廉」；中蘇條約與合股公司，我總覺得它是「舶來品」，不敢嘗試……最後，居然給我找到了一件奇貨，使我這最愛挑剔的顧客也動了心，並準備把他遂人宣傳。

什麼貨色呢？就是從今年三月起全國物價扭轉了十餘年來一直上昇而開始穩定的局面。這，在日偽和國民黨統治的時代是一件不可想像的奇蹟，而今天，解放了只有一年，事實已擺在眼前。許多人說這是「奇蹟」，我也說這是「奇蹟」，奇蹟，奇蹟——果真是奇蹟嗎？

如果說這是奇蹟，也許有人以為這不過是像商店「老板」臨時換換花樣，來一套「大搬運」的魔術。台下的觀眾自然眼花撩亂；西洋鏡一旦拆穿，觀眾管保一哄而散。過去，曾有個奇笨無比的老板，大耍其把戲，名之曰「金元券」、「銀元券」……就是一例。而今天我們的貨色，却是前後、左右、上下、內外處處見得人的結實貨。這要在舊中國社會裡，確可算得奇蹟，但在新中國裡，以後這樣的「奇蹟」多的是。這是在共產黨、人民民主專政的政府領導下必然的產物。不是什麼魔術，什麼奇蹟。

在政治大課中，南漢宸、孫曉邨兩同志曾仔細、耐心地把這件貨品的製造背景，計劃，原料，過程，及出戴後的使用方法，優點，缺點，剖析得面面週到；把我從看魔術的包廂裏拖到化驗室裡，清楚地了解這一貨品的特性與實質。我知道了為什麼統一財經工作，為什麼發行公債，知道了稅收在國家的重要性，私營工業的作用和前途；我還知道目前仍存在着暫時的困難。在劉少奇同志的五一報告，和毛主席的六六報告中，對中國全面情況，有了更進一步的認識。覺得，「有困難，有希望，有辦法」不是沒有根據的空話。「有辦法」，是多麼令人歡欣鼓舞的三個字！「沒法子」將要在中國人的語彙中漸漸地生疏了。以前，「中國人嘛！」是一個輕侮的名詞；而今後，被師爲「中國人」是有着無上的光榮和驕傲，因爲，我們是「有了辦法」的國家的人民！

寫到這裡，我再提出一些事實，這些事實給我上了幾課，而課室，湊巧得很，都是在車子裡。

一次，是由北京到天津的火車上，途經楊村、落垡一帶，那裡原來是一望無際的一片汪洋，（日本鬼子爲防衛天津而決的河，放的水。村莊寥寥有如孤島，村民逃亡，殘存的只靠在一定的季節捕些魚蝦爲生。應該說明，這裡不是什麼產魚區，不過有了水難免游過些魚來，也少得可憐；從那村莊破破落落的土壘、村民襤褸的衣服上就可以知道他們是怎樣的生活着。）現在，當我又經過那裡的時候，我奇怪，「這一片汪洋那兒去了？」原來，當地人民政府領導羣衆，克服了一切困難，大力排水，使一片汪洋變爲沃土。當我看到那原來的水底已經成了一片綠油油的麥田，和村民們起勁地鋤地時，高興得流下淚來，眞的，這是所謂「窮鄉僻壤」；十幾年來的「當局」不屑一顧的問題，但在今天就有了辦法。這一課教育了我，今天的人民政權是在作什麼。不僅在首都潛河築路；在人們所不注意的每一塊國土上，都動員起來了，動員起來了！

另外一課是在電車上，一位穿了制服的乘客吐了一口痰在車上。這在以前是司空見慣，誰也不去注意的。但，售票生過來和氣地對他說請吐在手帕中或車外。不料卻傷了這位乘客的「自尊心」，馬上變了顏色，大發脾氣。全車的人這時都用同一種眼光瞧着這位大發雷霆的先生。結果，車一停，他紅着臉下去了。這是一件小事，但可以看到今天的工人已普遍覺悟，執行了主人的責任，不怕開罪於人。雖然這位先生當時不肯認錯，但我相信他以後永不會再在車裏吐痰了。全車上的人都一起上了一課，提高了主人翁的感覺。

又一次，是在公共汽車上。那趟車只有三四個乘客，在以往，售票生正可以籍機會休息一下而「得其所哉」了，但這位售票同志卻對我說：「唉！這一趟又賠了——我就是喜歡在人多的車上賣票，雖然沒有一個乘客也一樣拿工錢，但我寧願擠得不透氣，就好像所有的車錢都給我一個人一樣……」這又是一個主人翁給我上了一課。

以上這一些事實，上自國家的經濟政策，下到一位工人的談話，都是童叟無欺的眞貨；連繫到自己的感情上來，也就使自己有了「主人感」了。譬如：我以前不太注意報上關於生產的消息，現在我已對那些新聞發生了興趣；從前我只會欣賞田野的風景，現在我特別注意那些麥子長得高不高，穗子實不實；下多了雨擔心澇，不下雨又怕天旱……好像那些麥子都是我的，那些修得平坦的馬路，那些挖通的下水道，那些新裝的自來水，電線桿，那些新掉換的枕木，那些整齊的鐵道石渣，那些車站、車上的秩序……一切都對我有了親切的感情。

這就是主人翁思想。——是嗎？還有問題。一個主人翁不僅要享權利，同時也該盡義務。否則，只是「半個」主人；同「你的也是我的，我的也是我的」，「我是主人，你是僕人」的剝削階級思想有混淆的危險。我認爲，這種感情若沒有大課理論的灌漑，不是稍蹤即逝，就是流於自私；同時，也應該走出課室外面去上課，如只在理論中兜圈子，是脫離實際，是死的東西。

半年來，我認爲大課中最能解決問題的是南漢宸、劉鼎、孫曉邨三同志的講話。對我來說，不僅幫忙了我有做主人的信心，也指出作一個主人應盡的責任。我是不是有資格作主人呢？是不是「整個」的主人呢？不夠，還有問題！幸而我發現得不算晚，希望走出學校後，在工作崗位上，好好學習作一個主人。

畢業後　楊曼莉

我離開燕京半年了。
在工作中，遇到困難，就想起燕京的老師；
在工作中，找不到參考書，就想起燕京的圖書館；
在工作中，聽不着好音樂，就想起燕京的麥風閣；
偶而疲倦了，常想起燕京的未名湖。
「因眞理得自由以服務」使我興奮的離開了她；
一有機會，就高高興興的回來一次。
我永遠用着她給我的知識，當做爲人民服務的基礎。
燕京！還是稱呼你母校吧，這樣更覺親切些。

愛人的信 ·邢 丹·

這裏是一封信,是我的愛人寫給我的。雖然措辭有點不夠成熟,可是基本上是正確的。為了不失其真,我照樣節錄下來:

『邢丹:……昨天,我看了『紅旗歌』,我就想與你寫一封很重要的信。我們是相愛的,你信嗎?但是,我們不懂得愛的方法。比如我吧,從前,甚至於到現在,我一點也未注意你將來成功的問題。我就想過苛的要求你一定要成為一個偉大的人。但是我忽略了對你應盡的可能的幫助,甚至於阻礙你的發展。你記得我們戀愛時期,你每要作畫時,我總是盡量想法使你放下畫筆,我與你的畫彷彿是情敵,我要你將所有的時間揮霍給我,盡情玩樂。現在長大了,真覺得太不應該。以後我們比賽吧,看誰能先在祖國的建設中有所成就。當然這你要比我早些,因你具有天才,但我們彼此幫助吧!

以下便是我的一個建議,要你立刻改變你的作畫態度,創作真對人民有意義的作品,你每畫一棵樹,一個建築或一隻江邊的船,應先想到這些都是勞動的成果,描繪人民的生活,要表現出他們的感情和要求,要求內在的真實。單是注意形式美的追求,那是沒有什麼偉大的。不是先注意構圖的美好,或畫一張人像而只注意它相像的程度,你應連想到它的實際的意義。以前,一些詩人畫家完全是用空虛的幻覺,表現的意識,和社會實際毫不相干,甚至是統治階級的奴隸,麻痺人民的鬥爭意識。這些詩畫,真是在玩弄自己的思想,而別人却玩弄著他們的語言。

畫家們畫些自然風景,却未想到改造自然。畫一個美麗的模特兒,却未想到她含羞的表情,完全暴露了她是被生活壓迫,才賣給畫家們作一時畫興的對象。這些事,在從前的藝術眼光看來,是一種合理的藝術,但現在我覺得很不太好。這些均必須經過思想改造才能有所體會。邢丹,我希望你多與魯煤討論一些思想上的問題。我認為偉大的畫家應該是屬於人民的,思想上明確了這個方向,自然作品就可能偉大了。

我認識有限，但我要作一個畫家愛人，是應該盡我所知建議給你的。我說的不够透澈，你當會更深切地體會我的意思。………你的玫瑰 元月十一日」

這封信，曾給我不少的啓發和鼓勵，同時，也可以說明愛情是需要有一定的思想的境界的。我希望這信對別人——尤其是正在戀愛中的人們——有所幫助。並附帶在這裏表示我對於玫的感謝。沒有她的幫助，我是不可能很順利的完成這一段業學的。

寫給畢業後的我

親愛的文樸同志：

我很了解你，就像我很了解自己一樣，我知道你畢業後可能常常想到我，就翻開年刊回憶，如有這樣的機會，你就會首先看到這四個大字「把握現在」。你不要想燕園多美呀，那些好友們多可愛呀，那種專心學習的生活多麽好呀，是的，這些都是眞的，但更重要的是：你應當把握現在，團結更多可愛的朋友，在實際工作中加緊學習，努力建設更美好的新中國！

我還知道你這個傢伙是個格言專家，常抄許多名言放在玻璃版下。爲了提醒你，我把你的格言抄出兩條來，讓你在翻完本刊之後，心中若有所得：

「只有毫無個人目的、忠實於黨的黨員，他有高度的共產主義的道德與品質，他掌握馬列主義的理論與方法，他有相當的工作才能，他能實際肯導黨的工作，他不斷的努力學習前進，他才能取得黨與羣眾的信仰和擁護而成爲共產主義事業中的英雄」（劉少奇）

「新的青年必須是忠實於勞動人民的事業的，具有現代科學文化知識的，有實事求是精神的，和英勇無畏性格的人物。」（青年團工作綱領）

最後，如果你發現有鬧情緒的時候，那麽我勸你問一下自己：

「鋼鐵是怎樣煉成的？」

「榮譽是屬於誰的？」

（如果回答不好，就請教一下奧斯特洛夫斯基和高崗同志）

談得不少了，再見吧，祝你

健康而快樂！

你的知己趙文樸
1950年6月1日

南下片斷 ·李春美·

剛一入伍

去年，北京解放了，在整個革命勝利形勢迅速地發展下，大批青年學生，參加到革命的隊伍裏去，我也是其中的一個。

在受訓學習時期，頭一次發軍裝，我們這批學生出身的青年人都帶着煥發歡欣的心情。軍裝拿在自己手中，不禁得每個人都要穿起，試試長短；我拿着軍服在發征，心裏充滿了高興，却不想立刻穿上，我跑回家裏，先把舊衣服脫去，再穿上嶄新的軍裝，端正的戴起軍帽，這時我看看自己，看看同志，我笑了，同志們都在笑，因爲我們自此成爲光榮的人民解放軍了。

我們過着集體生活，開始受新的教育，每天聽兩次大課，然後進行小組討論，提出問題，解決問題，改造思想，學習政策。不但是有理論的講授，還結合了實際教育。去看「白毛女」，和「團的兒子」等戲劇和電影。我們用着小學生的態度，從頭學起，炊事員同志也來給我們上大課。每個週末我們在晚會上用各種形式，如戲劇，唱歌，來表現出我們生動活潑的學習生活。在各種實際勞動工作中，我們不斷的增加並充實了學習內容。

出發南下

四月二十二日，我們第一批南下的同志出發了。在北京西站上了火車。車廂就變成我們起居、生活、學習的大房子。六十多人在一節車廂裏，加上行李，必要的工作用具，車廂裏是擠得滿滿的。第二天破曉，火車就開到了子牙河邊。我們從車窗看見了自己的隊伍，解放軍某軍在廣漠的田野大路上進軍，高高擎包的紅旗飄揚着，戰士們個個精神飽滿，整齊疾迅的行進着。迎面是剛露出來的太陽，在不遠的河邊，白帆恍轉動了，靜靜地在轉，向着紅旗葬籠了來。大軍一直前進，和我們是同一個方向。

在火車廂裏，我們學習任弼時的政治報告，劉白羽同志對我們講新聞的基本原則。

新聞隊不能總關在車廂裏，所以每當火車停下時，曠野，大地就成了我們的課室。有老幹部給我們介紹過去工作經驗。同時我們的課室也不斷的擴大起來，到了河南黃村，村頭一座孤立的房子裏，住着一位陳老婆婆，看見我們進了莊子，走上前來一把拉住了一位女同志，哭着訴說她窮苦的生活和慘痛的遭遇。她原來有一個十六七歲的兒子，兩人靠了幫人和要飯過日子。不料中央軍一到，大禍就來了。她兒子去打柴，被中央軍看見硬說是偷柴禾，一槍打死。六十多歲的老婆婆爲了她唯一的小兒子的死直哭得眼快要瞎了。後來，中央軍又來她家住，她把最心愛的一隻母雞連忙藏起，生怕中央軍給吃掉。兩三天過去了，中央軍已把村裏的雞幾乎吃光了，她更不敢把自己的母雞拿出來了。一天夜裏她把雞摟在懷裏睡了。過一夜，中央軍披星戴月的逃了，老婆婆好不高興，可是想起她的母雞，一看，已經悶死在懷裏，她氣憤極了。她的故事，給我們上了一課階級教育。

到了中午，一位王大娘又給我們上了一課，她坐在大門外作着針線活，我們從剛一進村的冉姓人家知道了這地方曾經遭受過日本鬼子的屠殺焚燒，國民黨在抗戰前後兩次的掘開黃河堤，大水淹沒過這地方，老百姓逃亡乞食有八九年。王大娘和我們談起話來，她一開頭就說日本鬼子殺死她的公婆、小叔的慘狀，槍口逼着她家人去眼看親人的死，不許收屍。又逼着她們在家裏，把門堵住，放火來燒，前火後水，她們從死裏逃了出來，到他鄉流亡，直到前年才得回家。她說：「要是中央軍來了，和日本鬼子是一樣！……我一看就知道你們是八路軍，八路軍和我們是一家人了。」我聽句話，這心裏在想自己已是個和老百姓有骨骨肉相關的戰士了，農民的苦痛浸着我的感情。

行軍生活

在漯河，我們結束了火車上的進軍，步行前進。每人背上了十斤左右的行李，帶了口糧。一字長蛇陣的隊伍前頭有民運隊，後頭有警衛連，走在田塍上，走在公路上；雖然脚底下一高一低，但走起來却很帶勁。不斷的有同志脚上打了泡，隊伍依然前進。休息時，大家吃着口糧——饅頭。第一天是七十里的行軍。到了宿營地，天已經黑了，又因路上沒有搞起交娛活動，大家覺得非常疲倦，夜裏躺在稻草堆上很快就睡了。第二天走了六十里，晌午在村頭大樹下休息打尖。第三天清早從長台關走過洛河浮橋（大鐵橋給炸毀後，解放軍趕修成的浮橋）。走上山坡，又下山坡，有說，有唱。遇見送糧的人羣車，我們就和他們來個比賽。經過山谷險要，我們都提高警惕，隊伍要靠緊，誰也不能掉隊。六十里路走過，下午來到信陽城。這次行軍大家都不覺得累了。在這段行軍中,夜宿廟堂或老百姓家,白天步行在田野土道上,我們不再欣賞那青山綠水,晨曦晚霞;我們只注意不要踏著一顆麥子,不要毀壞任何老百姓的東西。一段行軍生活使我們都帶上了戰士的氣味了。

駐在雞公山腳下,是為了等候進入武漢。到了老百姓家去號房子,大家就準備去溪邊大洗一陣。於是有的同志去借草舖地,弄好休息的地方,有的去了解地方情況,分頭行事,一會兒就安排停當。除了學習、休息之外,我們還有工作——打柴。一個清早,三個小隊帶了刀斧,繩子分三路上了山。在勞動中又展開了競賽,炊事員同志當我們背負枯柴下了山來,已經準備好中飯了。勞動後,我們得到最大的快樂。

要進入武漢了,我們連夜兼程坐了大卡車趕路,不料過了武勝關,就遇上某軍的砲隊,馬匹拖了大砲,走在崎嶇狹窄的山路上,年青的戰士們步行著。一門大砲組成一個小隊,拉得很長,走的又慢,我們只好跟在隊後聽著他們唱著雄壯的歌。文化教員在崖壁上寫著「打過長江去!」「再走二里就到休息地」,「拐彎下山啦!」等類似的話,鼓勵他們的精神。上起山來,戰士們齊力推著大砲,下山坡時,戰士們拖住大砲車輪;平坦的路上,他們又三三五五的說著,唱著。騎在馬上的戰士更是雄赳赳地指揮著隊伍前進。真是一支快樂的隊伍!

五月十八日下午,在細雨迷濛裏,我們整齊的行列,乘在卡車上,唱著軍歌,一輛接著一輛,進入了武漢市區。

又轉一次學
——寫給自己

「要準備一種為人民服務的本領,這是說,不僅決心為人民服務,而且善於為人民服務」這話是對的,現在自己雖然沒有什麼本領,可以拿出來為人民服務,但是在這樣一個偉大的時代,走出「燕京」參加工作,是應該特別慶幸的。學教育的都懂得「活到老,學到老」、「由做中學」、「社會即學校」……,那麼說我今天只不過是又轉一次學而已。要學的東西、應該知道的東西還多得很,學吧!「更進一步的去吸取新鮮的生活要素,增強自己生活奮鬥的毅力。」新鮮的生活要素,奮鬥的毅力是一方面可由書本上得來,一方面是要到實際生活當中磨鍊的!

—— 張勵之 ——

新時代·新教育
——記與一個解放軍談話

·張祖圻·

生長在一個這樣偉大的時代，每天我所見到，所聽到的一切，對于我都是新鮮的，它們隨時在教育着我，鼓勵着我，使我進步。

一個春天的下午，我和幾個同學騎車從西郊公園回淀，一面唱歌，一面欣賞大自然的美景，心裏充滿了輕鬆的感覺。

車子忽然發生毛病，只好「掉隊」，目送着同伴們離去。

一個衣服襤褸的軍人從遠處一跛一跛地走過來。我立刻把他和我的關係連繫起來，——他是一個英勇的戰士，我也是革命隊伍中的一員，——青年團員，我們的崗位雖然不同，目標却是一致的。我毫不遲疑地跑上前去，親切地問他：

「同志，有什麼困難嗎？我看你好像不舒服，來，我幫你拿一拿行李吧！等我的車修理好了，放在車上一點也不費勁」。

「同志！」他露出微笑，「有病啊！快走不動了，我現在是到海甸陸軍醫院去，可是，一個錢也沒有了！」

我馬上想起我口袋裏的幾千塊錢。

「我有，等一下我們的校車就來了，坐車走罷！」

「不，我哪能用你的錢呢？我還是走罷！」

「你不能走，還是歇一歇！」我拿過他的行李，扶他到橋邊的一塊石頭上坐下。

「你真是一個好心的小姑娘！」他似乎很感激地說。

「沒什麼，我們都是同志，……你的病是怎麼得的呀？」

「在東北打四平時候，我們三天三夜沒吃飯，天又冷，打進去之後，老百姓給我們送來好些吃的。我們又興奮又餓，什麼也不顧地吃了不少，胃口就受了傷！」他很吃力的一邊說，一邊喘。

我的腦子裏立刻浮現了一幅淒慘的戰場圖畫，一些人被迫反抗人民，另一些人拚着性命為人民爭取解放，其實，他們都是弟兄，却一個個倒下去了。………

校車還不來，我就給他叫了一輛三輪來。車夫的年歲也很老了。

「不，我不能坐洋車。你看，他的年紀跟我的父親一樣，我可不坐，我歇了這半天，好多了，我還是走罷！」

說着，校車來了，我把他送上了車。

我想着：「我們的幸福都是建築在多少人的眼淚和血汗上的呀！」我今天真的體會到了建築在同一個目標的同志愛是多麼的深刻。我決心爲自己的祖國，貢獻出我的汗和熱血。

寫給晨光小學學生

……「服務精神特別好，對同學特別關心」

「替我們做了許多事情，我們真是快樂」

「非常熱心的教我們，也很和氣。」…………

× × ×

親愛的小朋友們：

看了你們對我的批評，真覺得慚愧與不好意思。

過去我曾訪問過你們的家庭，對你們不幸的遭遇灑過同情之淚，但是，並沒有把它化爲力量，舉起「推翻舊的，建設新的」的旗幟來，而把自己比作「救世濟人」的觀音大士。

現在，我知道了：世界上沒有你們的父兄和未來的你們——偉大的勞動者，我們將沒有一切。

就要離開你們了，我將永遠記住你們的話：

「好好爲工農子弟服務！」　　祝你們快樂！

你們的先生　何慧君

關於燕隊
·蘇學良·

燕隊，是幾個對籃球運動有興趣的同學組成的課餘活動的團體。它成立於一九四七年九月，到現在已有三年的歷史了。華北的解放正當這三年之半，恰好作為燕隊歷史的分水嶺。現在簡略的把這兩期的情形介紹一下：

第一期（一九四七年九月至一九四八年十二月）

●燕隊攝于1950年4月●

在這期中我們的成績並不算好，組織不算健全，對於我們的缺點亦未能重視而想法克服；但值得說起的是我們的精神——沒有因失敗而氣餒，對勝負却遠不如對體育道德的重視。這是燕京體育的固有作風，我們願意保持着它。四七與四八大部隊員曾代表燕京參加五大學競賽，雖然沒有很好的成績表現出來，却並未遭到他人的非議，也是我們聊以自慰的。

第二期（一九四九年二月至一九五〇年六月）

許多隊員離校了，燕隊感到了恐慌。但，隨着解放的來臨，燕隊開始了它的新生，重新組織起來，有許多新的隊員參加，使我們的實力增强了許多。不幸的是「出師不利」四戰四北。經過我們的指導林啓武先生的鼓勵與隊員們的檢討，一掃氣餒的心情，終於轉捩的機會來了，自四九年的「五四」至學期的終了，造成十三次連勝的輝煌成績。燕隊的果敢精神與體育道德，更被充分的發揮無遺。這是燕隊團結與發展的基礎。

總計解放後這一時期中共比賽了五十二次，其中負了十一次。其間到天津遠征過三次，我們的收穫不只是連戰皆勝，而是天津觀衆對我們在各方面的表現所給予的好評。四九年暑期，有三位隊員被選為參加匈京布達佩斯世界民主青年體育大會的籃球隊代表（有一位隊員因故未能成行，的是遺憾）。本年四月我們又徼倖獲得了北京市大學組籃球比賽的冠軍，這是燕隊的光榮。

在燕園中，一般朋友們對我們的關切和指導，更加鼓勵了我們；而致燕園人士對籃球運動感到更大的興趣,則是我們所最希望的了。

感謝林先生對我們的指導,更感謝朋友們對我們的愛護,我們一定要在這固有的基礎上把我們的精神保持下去,使我們的技術再提高一步。

(編者按:由於燕隊的努力苦幹,把消沉了許久的燕園體育風氣振作起來;他們的活動也幾乎成為燕京人生活的一部份了。所以,編者特別請他們寫了這一篇介紹的短文。同時,在為本刊籌款義賽中承燕隊熱心助演,特此一併致謝。)

在校與離校

· 趙蓉 ·

我愛燕京的活潑　郊外林立似桃園
師生探求真理多　那知依然在人間
夕陽橫帶溪邊草　為民為羣應茹苦
藍花漫佈小山坡　在此覺定人生觀
生活迢迢如征途　湖水日夜滾滾去
美麗光明似野火　不負期望應奮勉

×××××系級鱗爪×××××

理學院本屆畢業同學共三十一名,茲以不同方式分析如下:
1. 程度: 碩士 1　學士 30
2. 性別: 男 17　女 14
3. 性質:
　名符其實　(早已離校者) 7
　先實後名　(本年離校者及已在校任職者) 7
　有名無實　(寒假離校者) 2
　他山之石　(在協和者) 15
4. 婚否: 已婚 1　行將告成 ×
　　　　　遙遙無期 ××
5. 年齡: 30以上者 〇
　　　　　20—30者 31
　　　　　20以下者 〇

×××××××理學院×××

大學的生活,真像一塊美麗的沃土,有數不清的花草,有掘不盡的寶藏。但是,它終會過去的。離開校園,是愉快,是留戀?是興奮還是徬徨呢?過去這個社會是陰暗而沒落的,那我們一定會有留戀和徬徨的心情;相反地,現在她是個新生茁壯的社會,我們又怎麼會不愉快而興奮呢? 1950年畢業的我們,不用再奔走呼號去搞救亡工作了,更不必呻吟在國民黨的魔掌下了,我們只要在新社會做一名人民的忠實工作者。無論到新疆,到海南島,到東北,到華西南,那裏不好呢?但這不等於說大學生活不可貴了,相反,它是更值得我們重視的。因為人民的武裝力量已經掃去了使我們不能安心讀書的障碍,那麼在圖書館裏,在實驗室中,在討論會上,在各種體育、文娛活動中,盡量施展我們的身手吧!世紀末的悲哀,無聊的徬蕩,早就離開我們了。健康的生活正像迎風招展的紅旗,在等待我們每一個人——不論是在校的,還是離校的同學。

燕園漫步

燕京校園爲明代著名的米氏勺園，及清朝和珅淑春園舊址。本部（包括女院一帶的燕勺園）及外園六園，總計八百餘畝。境內老樹成林，崗巒起伏，池沼交錯，掩映着畫柱雕樑，亭榭橋軒。建築綺麗堂皇，彙融中西藝術之長，加以修治得法，整潔秀娟，在國內找不出第二處來。身在其中或不覺其美，離開後却沒有不置念的。別久了，也許印像會日漸模糊，現在且讓我們再來漫步一遍罷：

跨進西校門的朱漆大門，首先看到的便是拱形的校友橋——一池淸水，悠懷故人。過了橋，一片綠茵上，對峙着一雙圓明園舊物，漢白玉蟠龍華表，迎面是宏大壯麗的貝公樓，進口處擺了幾櫃哈佛燕京學社的出土史料。樓外簷邊常常飛撲着百十隻象徵着和平與自由的鸽子。貝公樓前草坪之北有穆樓 McBrier Hall 是文法學院的敎室系圖書館和辦公廳在地，其北面則是宗敎學院獨佔的寧德樓 Ninde Hall 擁有一個二百人的小禮堂，常有風琴聲和着讚美詩歌飄出來。草坪南面，對着穆樓的是睿樓，Rockefeller Hall 是生物和物理兩系的基地，於是大家叫它做生物樓或是物理樓。睿樓南面有座一式一樣的建築物，那是化學樓 Chemistry Building 顧名思義不問而知是屬化學系專用的了，不過數學系也在那兒搭伙。

現在我們穿過了貝公樓和睿樓之間的路，便看到了仿故宮文淵閣修成的圖書館，擁有藏書三十七萬册，它的正名頤瑞樓 Perry Building，向來沒人提起過。由此上坡就到了芳名遠揚的姊妹樓，座北的叫做麥風閣 Miner Hall，現爲女部辦公處和音樂系的天下，經常琴歌不輟。座南的叫甘德閣 Gamble Hall，則是學生會、黨團、討論、開會、男女同學的碰頭處，樓上仍爲音樂系所統治，享有治外法權。經此逕南，路西是一個大操場，路東則左右兩排女生宿舍遙遙相對。西面"一院"背後是幽靜的女校醫處 Lyon Infirmary。中間靠南端的，是設備齊全的女體育館 Boyd Gymnasium。東面"三院"後面一排灰平房，那是有三百多孩子的燕大附中、附小。再過來，便到了網球場邊。要往東轉了，回頭一望，正好看到與姊妹樓只間了一片草坪的適樓Sage Hall，只聽得一陣陣嘰哩咕嚕的外國話響個不休，原來這裏是西語系的大本營。適樓傍邊是名揚天下的臨湖軒，品字形的平屋，自司徒歸國，也就成為教職員們的議事所了。迤東藏在山坡裏的是校醫處 Mckelvy Infirmary，擁有十餘只床位，並X光機等現代醫藥機械，過此，路急轉直下，便看到了高凌入雲的博雅水塔 Porter Pagoda，八角十三層完全抄的通州古浮屠。與塔鼎足而三的，則有機器房的大煙囱，和工科五樓的翟江大樓。這下到了未名湖邊，春夏是萬柳依堤波光泛影，來冬又成為華北最棒的冰場；多少健兒女們在那裏顯身手，新毛頭在那裏翻筋斗。沿湖東岸走過美輪美奐的男體育館Warner Gymnasium，後面倚著一片廣大的操場。折轉西行，順排著六座男生宿舍。在四樓的門口，有一條石橋通到湖心的小島，上面怪石突兀，蒼松蔽蓉，島上有亭，名曰思義亭 Luce Pavilion，然原名早湮沒無聞，大家都叫它島亭，裏面帶賣吃食，是合作社勢力範圍。島東側有二百年以上歷史的石舫，是夏夜憩臥看星星兒的絕妙所在。由男生宿舍再往前走，又回到了貝公樓前，幾步之後，西校門在望，哈！已不知不覺繞校本部一週了。

至於本部以外的園地：燕南園通稱南大地，和燕東園（東大地）都是園囿修整，房舍精緻的教職員住宅。北面的競春園，朗潤園，則雜草叢樹，獾穴兎窟，野趣橫生，除了零落棋佈的教職員住宅外，在鏡園西頭是有一座壯麗的校景亭。蔚秀園在西校門對面，中間隔著西郊公路，裡面有水田和教職員住宅。南門外還有幾座難得有人光顧的燕農園和牧場，這幾個園便構成了整個燕京的外圍版圖。　　——光　華——

××××系級鱗爪××××

▲四年來，最令人提心吊胆的，就是上咱們系頭「老柯」的課了。柯安喜女士精通語言學和教學方法，同學上課時都有點兒「必恭必敬，動彈不得」，沒有人看錶（不敢看）。

▲本系同學五〇年開始活躍：壁報，膳委都搞一氣，既能文又能武，每次球賽必擠一份，可惜總是屈居末位。

▲與燕京歷史關係最悠久的當推本系教授陳夢家太太了，她從附小到大學都是名符其實的老燕京，又是系裏唯一的P.H.D.。如想開闊眼界，請到陳太太家一行，上自花瓶兒，下至痰盂兒，無一不是古色古香。

▲西語系同學在離校前，都有機會錄音，雖然人去樓空，倘可流「聲」百世

××××××××西語系×××

吃在燕京 ·饕餮客·

伙計，你可在燕京吃了四年的飯。我問你，燕京的吃食怎麼樣？哈，這一下可把你給攷住了。趕情八個學期，三十二足月，絲糕，大米，紅高粱，鬧得你頭昏腦脹的，一時也弄不清白。那麼着，還是讓咱這饕餮客給說一說罷！俗語說得好：民以食爲天。咱們可是不折不扣的老百姓，「天」都不知，豈不渾哉。好！閒話少說，言歸正傳——

花開九朶，單表一枝，且說自打四六年以來，熬白菜，棒子麵就鹹菜，便成了咱們這素稱"貴族學校"的正宗糧食，家常便飯。剛復員時，大伙兒"幹"黃金塔窩窩頭。後來，進了一步，啃絲糕，現在回想起來，這頭兒雖然又脹又不禁餓，但抹上點自磨的花生醬，倒也透着香頓可口。四七，四八有兩月吃的糙米飯。雖說是大米，留下來的印象，却頗不佳。好大米，四年來只在打牙祭時偶爾露面。不過在解放前圍城時，迫不得已，吃了個把月的京西稻，玉粒顆顆，現在想起來，還不禁神往。解放後，一度吃過一陣子小米乾飯，然而衆臭所鑠，終於選定了紅白高粱，以迄於今，這是男生膳堂。女同學們則提高一步，已吃到二麵饅饅了，這是拜胃狹之賜，吾等斗米饕飯之徒，只得望而興嘆了。

前面說的是正宗，至於飯舖小吃，也頗值一談。以前屁屁校中某鉅公而得存在的官僚資本興仁堂，現已喬遷革大，且按過不提。卽以鳥亭而論，前後五度滄桑；有過廣東名點，賣過大麥糖粥，也有過司學親自跑堂，然而也許是風水欠佳，雖曾紅極一時，而終半途天折。至於小販呢？最老資格當推老仲，一度獨霸全部市場，據晨光附中現址，頗具規模，惜性太好賭，將本錢幾度輸得精光大吉，淪落在二樓擺攤。其次當數馬記饒餅舖的"校內前進基地"，馬家幾位少掌櫃輪流在三樓後面値班看攤兒，由煙捲、水菓而滷肉、點心，無不應有盡有。自從合作社辦起燒餅站以來，買賣大受影響，合作社有煎鷄子兒，儘做女同學買賣。馬記急起直追，也搞了個小灶賣炸果兒，還有氷箱，帶賣汽水梅湯，大家顧念私人企業，經營不易，頗有照顧他的。此外臨湖軒中可以定做西點咖啡，氷琪琳，只是刨黃瓜兒"太兒很少有人嚐試。還有，據說女院厨房也帶賣吃食，不過宮禁森嚴，除非等下學期宿舍開放，吾等男士不得其味而聞了。

吾校附近，西門外有馮記飯舖，資格頗老，營業欠佳。東門口兒有馬記燒餅舖，賣些炸豆腐丸子之類的東西，成府則有正宗麵味兒的周記，兩面黃炒麵，名重一時，還能弄一川菜，宮保雞丁，麻婆豆腐，辣得很夠勁兒，他們的廚子則是由以前倪記留下來的。然而數起燕京附近的不倒翁，當推東門長三，自協合時代由城裏追隨來西郊，端的是三朝元老，三十多年始終雄峙不垮。至於長三的菜叫南腔北調，實在說不上一個準名堂來，出名的有"黃小姐菜"，是家政系黃秀眞校友發明的焦炒肉末加辣子，蝦米，雪裏紅；有"蕭先生菜"是蕭一言同學發明的义燒肉回鍋兒一個果兒；有"劉先生湯"是政治系劉錦柏校友發明的西紅柿，土豆，洋白菜湯，以及楊主席豆腐，李先生菜等，希奇古怪，外人見了準摸不着鼻兒。長三還有一樣名葷——紅菓酪，也是名傾燕園。另外附帶記兩樣吃的，一樣是附近于園產蘋果，是本校校友自辦農場出品，色香味俱全，的確不同凡品。一樣是海淀特產蓮花白，醇香冠絕京華，眞有一杯消千古，二杯傾乾坤之妙。拉雜寫來，不覺囉吻太動，就此打住，二回返校時，長三"裏屋"再見罷！

×××× 系級鱗爪 ××××

▲新聞系由第一大系淪爲第四位後，本系同學爲懷念以往光榮歷史，仍自稱"天下第一大系"，有系歌爲証，詞曰：

1. 我們是天下第一大系，　天下的大系我們第一，
   我們的筆桿就是武器，　我們的武器是一桿筆，
   用它來剷除反動勢力，　用它來鋪平建設路基，
   邁開大步向前衝！　　一二　一二　一二一！

2. 我們是天下第一大系，　天下的大系我們第一，
   我們的學習就是武器，　我們的武器就是學習，
   用它來服務人民大衆，　用它來充實我們自己，
   團結互助加油幹！　　學習　學習　再學習！

此外，尚有第三節，準備作爲胆敢對我系不禮貌，罵我們造謠吹牛的系予以回禮。但從未用過，原文如下：

3. 我們是天下第一大系，　天下的大系我們第一，
   新聞工作不比從前，　　過去的爛賬不必再提，
   誰再造謠吹牛皮，　　　就是新聞系的公敵！
   新聞系裏不要他，　　　叫他轉到××系！

▲新聞之家有象棋三付，經常"剃光頭"（殺光之謂也）者，大有人在。有一棋盤上題有警句："三盤爲度，謹防上癮"又一棋盤上寫道："渦河卒子胡適？蔣家士相光頭！"

××××× 新 聞 系 ×××××

協和生活簡介

提起協和,大家常以為我們一定嚴肅得不得了,整天K書,激夜夜車。其實滿沒有那樣嚴重。現在來介紹一下我們的學習和生活:

學習方面,首先是自學與小組學習的配合:因為單獨學習決不如集體學習有效率,但小組的健全,卻建立在自學的基礎上。在二者適當配合,互相刺激下,學習效率就不斷提高了。例如解剖要需要記憶,我們便以自學為主,討論輔之;生理學較費思索,我們便二者並重。

每逢攷試,全班同學便集體溫習。人體解剖,各小組分別負責解決重要問題,大大地減少了個人在準備上的困難。組織學,全班在一起看顯微鏡,每人擺上他瞭解得最清楚的標本,加上說明,大家轉翻看。數轉之後,誰都清清楚楚了。生理學,全班作總結,每個小組報告一個整理得有條有理的問題,使大家都能有一個有系統的瞭解。這樣,攷試給我們的威脅就根本消滅了。

其次,談到師生關係,因為師生的目標一致,都希望把學習搞好,所以大家都坦白相待,距離日近。解剖系張大夫用書面指導我們學習的方法;生化系 Dr. Adolph 接受了我們用中文作雜誌報告的建議;生理系師長時常和同學討論在教學兩方面的具體辦法。

我們就這樣在提高學習效能的原則下不斷的試驗與努力。

以下,談一談我們的日常生活:

「燕京人」進了這個門口,就變成「北京人」了,急壞了我們的生活股長,領頭掉磅。

教授關心我們,像喋喋不休的慈母:「你們一天到晚一點運動也沒有不行,出去玩玩!」「生活」就得執行任務,在百般難壁之下,總結了以下的經驗:

1. 要有「物質基礎」:於是乎本年度全班性辭歡共三次,聚餐佔百分之百。
2. 把握「運動」原則:於是乎,從「蘋果打點」,「我們要求一個人」,到土風舞,交際舞,從打乒乓到打腰鼓,都來一氣。
3. 注意「發展規律」:於是乎,每逢攷試,生活股自動退避三舍,讓學術股來獨霸天下。一攷完,風色立刻好轉,集體看電影,吃冰棍,樣樣行得通。
4. 解決「基本問題」:於是乎,生活配合了學術,集體生活,搞好學習;「忙」的問題迎刃而解,睡眠也就加多。同學們笑了,「生活」胖了。

人狗之間 ·鴨鴿·
—— 協和醫學院內分泌實驗小記 ——

提起實驗，總是叫人覺得沉重，尤其像內分泌這一類長期實驗，更叫人厭倦，但是如果能把學習與生活配合起來，却有無限的樂趣。讓我介紹一組糖尿病狗的實驗，看他們如何在認眞的學習中，輕鬆的處理一些煩重、沉悶的問題。

爲了在實驗上必需得到狗的合作，爲了與狗聯絡感情，我們化了十幾天的功夫去「蹓狗」，請狗吃肝，或是陪狗晒太陽。但是狗常常沒良心，一不留神就溜出大門，急得同學們穿着實驗服就滿街使勁追。警察們也莫明其妙。

施行手術以後，更緊張，因爲狗開始生病了，需要日夜觀察護守。狗一撒尿，大家都興奮極了，爭先恐後聞狗尿。「的確有糖味……」「呃，眞的！」，當分析血糖的同學報告「血糖已經突破1000了！」大家齊聲叫好，分析尿糖的同學不服氣，大叫，「瞧我的尿糖已經超過7％了，……」「快，快，狗又擋筋了！」……「來，來，狗又拉尿了！」，化驗，注射，看護，餵狗，以至于打掃狗籠。尿撒在地上用棉花吸起來擠在試管裏；尿拉在籠子裏自己動手洗。早上起來第一件事先看狗，夜半一點才越牆而歸。約摸三十多天的光景才把這一段實驗結束。

一個晴朗涼爽的星期日早晨，值班的同學從實驗室打電話給組長，沉痛地說：「報告組長，狗安靜的躺在籠裏，脉跳每分鐘零次——」，「好吧，我們馬上就來！」於是大家匆忙的起身趕到實驗室作死後化驗和解剖檢查。檢驗完了心裏有說不出的難受，誰也不願離開，其中一個組長拿起粉筆在黑板上開始寫起來，接着大家也都隨着寫下去。下邊是他們的集體創作：

祭亡犬

庚寅年夏，爲亡犬 Sulin 撰文曰：嗚呼，汝生於曠野而死於鐵籠。憶初見汝時，雙目炯炯身軀雄魁；相識僅數日，而慨然以膵臟相贈，不數日復以垂體見賜。雖百抽其血，數取其尿，而毫無吝色。以至骨瘦如柴，面無狗色。嗚呼！汝生既無佳肴，死復失臟腑。吾儕生非獸醫，雖屢注靑黴素籍以消炎，奈元氣已傷，回生無術。以致早終天年，與世永辭。嗚呼哀哉！尙饗！

輓　　聯	如夢令
死狗先生千古	昨日鹽水注後，閉目永別親友，
可恨此生爲狗，未克參加大革命；	借問掃樓人，郤道狗籠依舊。
郤喜選入協和，以死報效小醫生。	知否，知否，應是狗死人瘦。

談談四附同學這次參加年刊的事兒

•金 无 驕•

燕京有個唯一的特色，就是「候補學生」——附級——的存在。附級的同學是在每年的寒假畢業，這就註定了他是一個苦命小乖乖。當年的畢業同學，一切活動都不大照顧他們，認爲他們應該是屬於下一年度的。可是下一年度的畢業同學在組織畢業同學會以前，上年附級的同學又早就離開了燕京，天南地北各自西東了，這一下子就真成了「武大郎攀槓子」上下夠不着了！

這一次，本屆四附同學有組織的全體參加 1950 級同學的畢業活動，一方面是校方對於我們特別照顧；另一方面是本屆畢業班對我們有了新的了解。所以校方對我們跟本屆畢業生一律看待，以「校友」身份參加了本屆返校節；本屆畢業同學們也歡迎我們參加了本屆年刊工作。

在我們四附同學們自己來講，認爲我們所以要求參加這次年刊也是有些理由的：

1. 我們認爲在基本上附級同正級是相同的，因附級同學大部因爲特殊原因四年內沒完成應修學分，需要多上一學期來補足。像本屆畢業同學中有不少是在本學期中才將學分補足而「轉正」的。

2. 附級的同學是在寒假畢業，畢業以後就各奔西東，在聯絡上也相當困難，事實上，讓附級參加下一屆畢業同學的活動，那真是「老太太吃鐵蠶豆」費了勁兒啦。

所以，我們在本屆畢業同學歡迎之下，決定集體參加了年刊活動；給以後附級的同學創下一條新的道路。希望正級與附級的同學們精誠團結，不分彼此。最後，我們謹向馬上就要離校的同學們致歡送的敬禮。半年後，在建設新中國的崗位上再見罷！祝你們健康！

×××× 系 級 鱗 爪 ××××

▲經濟系擔任籌委工作，最初被罵得狗血噴頭，繼之則口碑載道，月底結束時，膳廳內一片惜別聲。意見欄上寫有「何日君再來」，「一曲難忘」。等語。

▲「經濟之家」在五〇寒假借得穆樓一室一度成立。開學後，房東索房甚急，另找不易，管家婆只好宣佈「本宅不吉，遷地爲宜」。惜吉房至今尙未覓得，嗚呼！

×××××××× 經濟系 ×××

五〇點將錄

· 宋 薑 ·

『未名權充水泊，島亭當得忠義堂；
不曾天降石碣，且按Figure填榜。』
吾班相聚，寒暑四易，分袂在即，再會難期；乃集十八條
好漢，仿梁山天罡地煞，列銜於後，以垂千秋！

玉麒麟盧俊義——姚祖彝	大爺風度，燕園第二條好漢（副主席）。
智多星吳用——鄭天增	善出主意，花樣翻新。
入雲龍公孫勝——金慶瀛	「神」氣十足。
大刀關勝——蘇學良	蠶眉鳳目，一表非凡。
豹子頭林冲——李道印	豹頭豹腦。
美髯公朱仝——黃禮忠	髯雖不美，頗有幾根兒。
花和尚魯智深——×××	師兄六根未淨，憨態可掬。
菜園子張青——吳光燦	非爲人肉餡，但因搞春耕。
浪裏白條張順——鄧華耀	球場混似水中，翻江倒海，好一條雪白大漢！
鼓上蚤時遷——王羲源	偷雞不成蝕把米。（「偷」另有別解）。
玉臂匠金大堅——李文光	金石超凡。
聖手書生蕭讓——常又明	丹青入聖。
雲裏金剛宋萬——周寶恩	頂天立地。
行者武松——馬駿逸	打球如打虎，好一付武生姿態。
拚命三郎石秀——劉光輩	一語動無名，再說就拚命！
矮脚虎王英——金以輝	短了一點兒。
鐵扇子宋清——裴祖賓	扭扭妮妮，擧步輕盈。
神醫安道全——陳仲夫	頗有郎中氣。

油詩一首
——年刊文獻之一

掰着指頭算一算， 放假還有三十天。
沒米不能做成飯； 沒稿不能編年刊。
你不經心我不管， 年刊眼看要流產，
大夥一齊來下手， 這點事兒沒啥難！

老王寫稿記
——文獻之二

"老王來篇稿子！"
"我寫不好！"
"本年刊特別歡迎"寫不好"的文章…"
"我不會寫「文章」！"
"决不是像寫 Paper 一樣嚴重，而像給朋友寫封信一樣輕鬆；不像寫情書那麼麻煩，而像寫家信一樣簡單。……"
"我忙得一點功夫都沒有！"
"每日上廁所的時間大可利用。"
"我的論文還發愁呢！"
"這就是你寫的題目。"
"隨便你怎麼說，老子不寫！"
"編輯準備跟你泡蘑菇；如你仍敢不寫編輯不惜採取必要行動——踹頭。"
"寫什麼呢？"
"從你的枕頭到整個地球，從你的習慣到社會制度，從"想當年"到"看未來"，可以發宏論，可以發牢騷。可以吟詩，可以繪畫。可以"之乎者也"，可以"為了嗎呢"。'寥寥幾十字'要之，'洋洋數千言'要之。小品雜拌要之，大塊文章也要之……"

——兩天以後——

"這篇東西寫得不好……"
"拿來罷！"一把搶過來。

一時手懶，一生遺憾！
（半分鐘短劇）——文獻之三

時：一九九〇年×月×日，
地：你家裏。
人：你的孫子，和你。

孫：爺爺！這是誰？（指着燕大1950年刊）
你：這是你奶奶，年輕的時候多有意思呀！
孫：你和奶奶是同學嗎？
你：我們還是一班畢的業呢！
孫：怎麼沒有你的像片呢？
你：一時馬虎……馬虎了，光把名字印上了，……
孫：怎麼沒有你寫的"文"呢？
你：一時……唉！別鬧了！快睡覺去吧！我有點頭痛。（閉幕）

編後話

▲半年之前就醞釀出年刊，一個月前才拉稿籌款，大攷前三天才眞正開編。編者出了攷塲，忙去印刷舘，跑得滿頭大汗——誰叫咱拖拖拉拉呢？

▲雖然又薄又小，論內容頗可一吹。以前，大家翻年刊，翻到「文藝」，就和廣告一樣，一掠而過；今年，我們的重點是在前面的，多少是有革命性的。

▲陸先生說話總是那末簡短有力，充滿對我們的關切和期待，不可等閒來看。

▲「四年回顧」搖述了這四年生活的主要史實和同學思想轉變的過程。題目如改爲「中國青年四年學運史」也不爲過，在本年刊中，是有分量的文章。

▲我們原想寫些「政治課的收穫」之類，因時間不及，只選了一篇寫得不算枯燥的大課學習心得「主人感」，藉以反映政治教育的一部份收穫。

▲「南下片斷」雖是「片斷」，但從這篇參加實際革命工作的記載裏，可以看出青年是如何與廣大人民建立感情的。

▲雖然有四篇都是以「書信體」出現的文章，寫來却各有千秋，大可一讀。

▲有幾篇生活鱗爪和「淘氣文章」，使這本年刊顯得活潑了不少。

▲雖然沒有刊敎職員照片，却多了一幅鄭天增同學作的卡通。無題無名，大家自己猜好了。

▲協和的稿件來得很晚，另外兩篇擠不進去了；我們認爲刊出的這兩篇已包括了學習和生活，寫的也很生動。

▲畢業照的次序是亂排的，但編者却費了一番苦心，你們看得出來嗎？

▲還是有不少同學沒聯絡好，未交照片或製版後才交，只好僅刊芳名了。

五〇級班會分工	
＜主　席＞	沈瑞奉
＜副主席＞	劉光華
＜會　計＞	周慕萱
＜文　書＞	鄭天增

年刊委員會分工	
＜主　席＞	沈瑞奉
＜總編輯＞	鄭天增
＜執行編輯＞	
劉光華	周慕萱
＜編　輯＞	
常又明　李春美	蘇學良
張勵之　趙　蓉	凌治安
胡冬生　吳光燦	龔理嘉
李清泉　金慶瀛	鄧華耀
＜經　理＞	金以輝
＜總　務＞	姚祖彝
＜文　書＞	曹飛羽
＜會　計＞	何敏英
＜出　納＞	徐庚蔭
＜廣　告＞	劉光華

燕大年刊一九五〇

一生是戰友

之頁

燕大年刊一九五〇

燕大年刊一九五〇

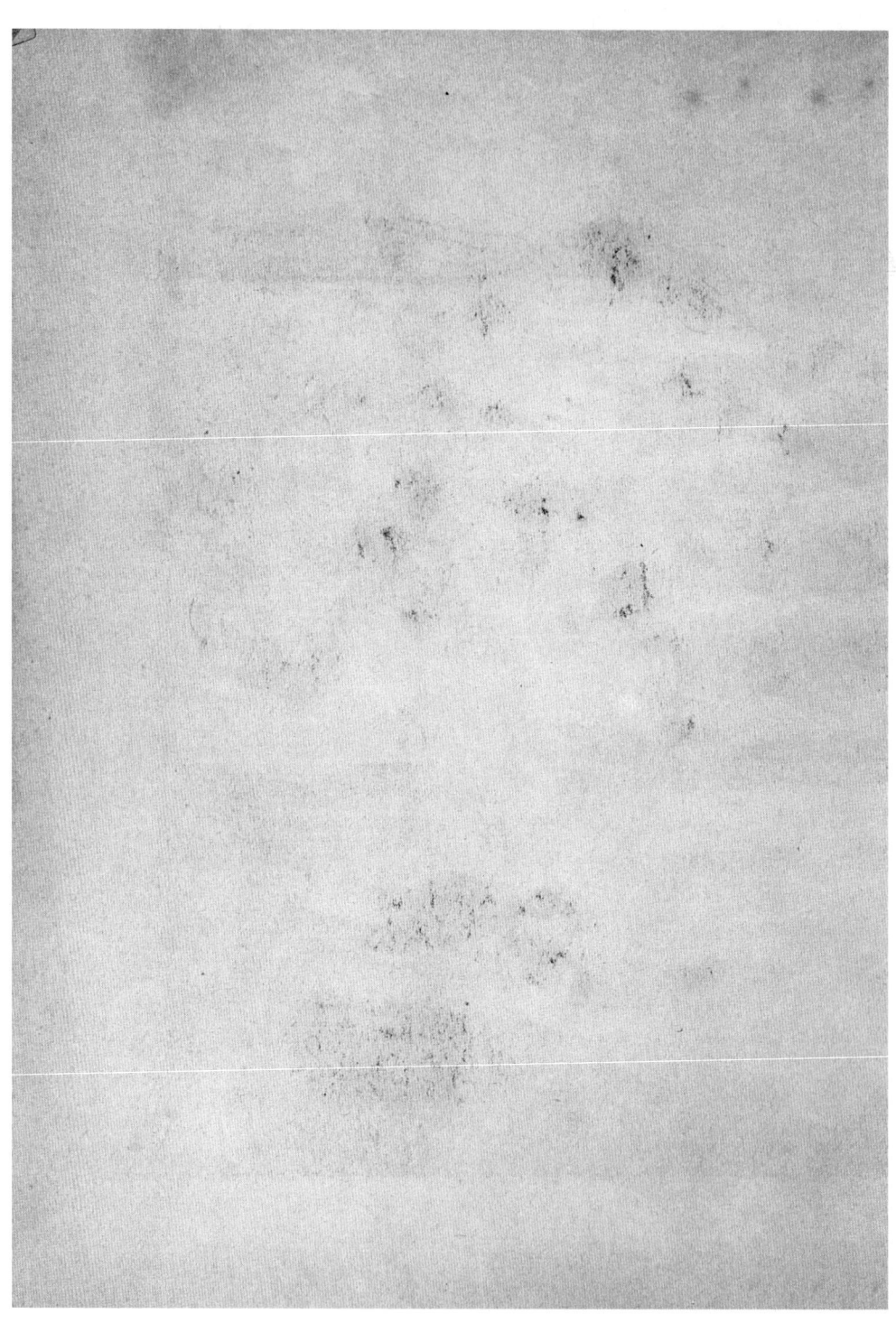

燕大年刊一九五〇

中華人民共和國的第一屆大學

| 畢 | 業 | 生 |

前無古人・後無來者

楊曼莉
（社會系）

當你頭一次遇見她，
你會覺得她很可親；
不久，
你會發現她是又活潑又聰穎。
她最愛笑，
笑起來最響亮；
她最愛孩子，
孩子的秉性她都具備；
認真，不斷地進步。
在托兒所的工作上
她更有着獨具的才幹。
——美——

劉　愷
（社會系）

能說能笑　能打能鬧
圖書館裏　每天必到
領導討論　井井有條
和藹可親　未語先笑
待人接物　處處週到
愛聽音樂　愛把舞跳
劉愷大名　誰不知道

趙行道
（音樂系）

一和音樂作朋友就愛上了它，把他的畫筆也拋下了。上中學的時候沒有機會彈琴。他常說："我能有機會學音樂是自己苦幹得來的。"在燕京認識很多朋友，人緣很好。系裏的弟妹們都管他叫大哥，他很高興。

最初也嚮往於自己的飛黃騰達，可是現實教育了他。燕京的一羣大孩子們把他從沒落階級的泥坑裏拉了出來，幫助他脫胎換骨。現在，他覺得他的音樂可以為大家做一些事情。　　　（自寫）

張勵之
（教育系）

有藝術的天才，
　有服務的熱誠，
　　有冷靜的頭腦，
　　　有和藹的作風。
長於辭令，
精於行政。
堪稱人民藝術家，
　　教育家！
　　　——羽——

趙文樸
（經濟系）

有偉大革命理想
——堅決要為無產階級解放事業而奮鬥到底，
學習棒，工作積極，熱愛它們常會忘了自己。
考慮問題正確，思想週密清晰。
對缺點鬥爭性真強，常拿"怕死不當共產黨"來嚴格要求自己。
感情豐富，天才文藝，
笑話更是逗人無比。
看他笑眯眯，其實講出不少使你口服心服革命大道理。
進步飛快，階級覺悟更徹底，他是黨與毛主席培養的優秀青年團員，
我要向他學習，學習，學習不已。
——松芳——

胡冬生
（歷史系）

通稱「冬瓜」，自中學起即替代眞名。好玩球，有「球販子」雅號。足球左翼，善以智勝人；棒球一壘，靈巧絕倫。

功課棒而不是書蟲，人雖瘦而食量驚人。

——華——

童曉禮
（教育系）

心寬（常樂）。體不瘦（胖）。個兒不高（矮）。一大笑，面即紅（非燒盞，血液流動太快）。

解放前已參加革命，現在是正式黨員，工作認真負責，對政治學習努力，但有時發言過多。業務方面基礎較差，努力不太夠，已下決心做兒童教育工作。
——譚恩菊——

譚麗珠
（西語系）附

口齒伶俐　能說好道
担當膳委　衆口稱妙
爲人師長　循循善誘
生產學習　卓越成就
——萱——

唐慧珍　　　　　　　魏九芳
（教育系）　　　　　（社會系）附

外號黃毛，走到那裏那裏聞名，　　　高矮適中之個兒，
溜冰、游泳、跑、跳、蹦，樣樣精　　窈窕纖細之形，
通。　　　　　　　　　　　　　　　真情流露之臉，
體育場上逞英雄，　　　　　　　　　馨香九洲之名。
五種球類那樣缺了她都不成，　　　　有理性，有熱情，
擅長各種舞蹈，音樂聲起脚不停。　　處事以正，待人以誠，
工作熱心，學習積極，　　　　　　　天性直爽而親切，
畢業後可能供職體育界，　　　　　　可惜遇事缺少果斷性。
唯一之缺點即怕人看，一看則將大　　欲知此人爲誰，
燒其盤也。　　　　　　　　　　　　看看像片自明。
　　　——芳——　　　　　　　　　　　　——蕊——

周寶恩
（新聞系）

高如塔　黑如煤　論體育　眞無對
自足籃　而排壘　多溜冰　夏泅水
屬燕隊　爲左衛　撲截射　逞雄威
赴匈京　體育會　爲祖國　載譽歸
論德育　也可以　明是非　講公理
與人交　知禮儀　性直爽　够義氣
論智育　有一氣　善理解　能記憶
考試前　略溫習　五六七　沒問題
此三育　德智體　一而三　三而一
四年來　新聞系　畢業後　搞體育
——天增——

李文光
（新聞系）

雄哉壯哉，李君文光。
事業浩瀚，工兵學商：
開過汽車，扛過洋槍。
喝過墨水，跑過單幫。

治起印來，金石燦爛。
彈起琴來，委曲婉轉。
跳起舞來，一條直綫。
聊起天來，越談越玄。
——天增——

蘇學良
（化學系）

身經六七載社會生活之薰染，一拋舊習，仍能繼續向學，朋友中僅此一人。

一年餘鑄成知己；並非有緣而聚，實在是他『待人真摯，處事誠篤』，使陌生變為莫逆，我學左伯桃有愧，他喻羊角哀有餘。

Swallow 籃球隊，以前每戰必敗；如今，十戰九勝，這大牛是 Cap-tain——他的功勞。

知道的多，能的也多；得為朋友，益甚幸甚。

——駿逸——

劉鴻鈞
（化學系）

沉著，穩重，細心，老鍊，是他素來在學習中磨練出來的收穫；

生活規律，嚴肅，對事認真，腳踏實地，是他處世接物的態度；

學識廣博，腦筋靈活，有熱情有雄心，具有一個青年應有的特點；

但有時對自己考慮的多一點，這是應該改造的。

——孫昇福——

鄭祖心
（心理系）

苗條的身材，縱曲的頭髮，帶着十足的『小姐派頭』來到燕園。燕京的生活與學習，使她在各方面都有了長足的改進。現在她已變得沉靜中有活潑，並建立了為人民服務的觀點。我最欽佩的是她能合理分配每一分鐘時間，來學習，工作，娛樂，愉快的生活着。

——小柿子——

耿露華
（經濟系）

人很內向，只有接近她的人才能明瞭她。待人好，工作細心，負責任。譬如她以1/4勞動力與1/2生產幹事資格參加生產，却做了4/4與2/2的生產工作，便是一個證明。最大缺點是為了「捨己為人」而「虐待自己」，因此而病倒數次。

擅「審美」，頗有藝術眼光，好美諸君可向她請教。

林 鍠
（護預系）
嬌小，伶俐，
溫柔，仔細。
——典型的白衣天使！
——戈——

趙 蓉
（新聞系）
誠懇坦白，工作的責任心很強，好整潔，會保護物品，她的書籍，用品的整潔和能長久的使用就是個很好的証明。

她愛好音樂，文學，但解放以後，將努力的目標轉移到革命理論和工作上去了。她的進步是非常迅速的，祝賀她在未來的建設事業裏更好地發揮她的力量。
——吳小靜——

吳 光 燦
（新聞系）

杜魯門其相，光光其名；
好高遠其性，善舞其能。
若問此何許人？
曰：滬寧，滬杭甬綫上土產也。
——小凌——

蔣 家 俊
（化學系）

老遠的看到，騎了自行車，『高高』而來的，就是這位。大概是騎了高車的關係，當然要『高人一等』，也就未免脫離羣衆，帶點『個人英雄主義』的作風了。這車子，雖不是『小家子』氣，却有些『不倫不類』，充分表現出它主人的氣派。還有一點相像的，就是喜歡鬧鬧小瞥忸。再說此人，別無他短處，只是個『右傾幼稚病』患者，郤也够他自己受的了。
——家俊——

陳仲夫

（歷史系）

或戲稱仲老，會稽世裔。面色蒼白，舉動緊張，若弱不禁風，而檯球冠絕燕園。好K線裝書，有潔癖，房中明窗淨几，點塵不染。

——光華——

周汝昌

（西語系）

老誠持重，沉默寡言。刻苦自學，斐陶斐會員。

——盾——

譚恩菊
（教育系）附

小菊，
個子其小無比，
說起話來滿有趣，
——不知說的是「藍」還是「男」？是「女」還是「綠」？
工作經常積極，
辦事爽快鋶利，
——這點值得咱們學習。
有一點兒自滿，
扣上頂帽子麼——
就是有點小小的狗熊主義。
——佩秋——

何敏英
（經濟系）

她非常安靜，很難得聽見她大笑大鬧過一次，講話時也是柔和而小聲的。

她常願意獨自思攷問題，解決問題，不喜歡向人訴說。可是當她經過同志們的提醒，認識到脫離羣衆的缺點時，已逐漸地在改變作風。希望她日後在革命的隊伍中能生活得更活潑，更熱情，更有力量。
——小靜——

吳津津
（歷史系）附

她！白白胖胖，
斯斯文文，
仔仔細細，
清清楚楚，
和和氣氣，
安安靜靜。
誰？津津！

——鉎子——

周世英
（教育系）

小小的個子，活潑，爽快，明朗，常會給人帶來熱鬧。她愛笑，喜歡音樂，喜歡孩子，或許因為她自己也有點像小孩吧！她還有善辯的口才，頗可做個完美的外交家，然而她的興趣是兒童褓利而非政治外交。當然，以她的才幹，聰明，來培養下一代，再合適沒有了。

——忍多——

李松芳
（經濟系）附

松芳同志對革命忠心耿耿，有忘我的精神，不辭艱巨，不怕麻煩，總是穩穩當當又細心又耐心地工作。他的羣衆關係最好，對人和藹親切，關心別人，幫助別人，很像一位老大哥。有人說他道貌岸然太嚴肅，其實處久了，就知道他也很活潑有趣。

——趙文樸——

凌治安
（經濟系）

凌契弟治安，生平最喜討人便宜，最不喜被人討便宜。人聰明，學游泳二十年學會打水。他的球棋書畫在四樓號稱四絕。他很滿意他的畢業相，因爲像木偶奇遇記裏的比諾丘。

——光光——

鄭天增
（新聞系）

新聞系唯一紅人，也是最忙的忙人。編新燕京有他。寫標語有他。按風琴，有他。插諢打科，來幾段逗笑，演個把短劇，也少不了此公的規劃。至於剪個影兒，畫幾筆畫兒，那更是看家本領了。真可說渾身都是解數，十八般武藝，件件精通，實自勞動創造世界以來可遇而不可求之全材也！
——光華——

陸肇基
（社會系）

外號「不着急」，一則因為他那大名的「斜」晉，二則是他那股慢吞吞的勁兒：遠遠走來，誰不知道他那三寸金蓮似的步伐呢？

作事細心，肯熱心幫助人，心眼更不壞。音樂上有修養，對跳舞也頗感興趣，在社會系享有「古典派」的盛名。

李春美
（新聞系）

一雙眉毛常鎖，兩顆大眼有神，
一望就是聰明人，可惜身體差勁。
書籍念得挺多，文章寫得不錯，
日文說得ヨロシ，英文說得good．
四九南下參軍，隨軍記者身份，
病魔繳了她的械，變成退伍軍人。
五〇春季復學，人人叫她大姐，
呼弟喚妹好親切，真真氣死人也！
——天增——

黃美復
（社會系）附

團員，本學期擔任法學院政治課的班委。學習最努力，腦袋也聰明，最大弱點就是身體不好，所以非常保貴她的身體，但，有時也未免太重視了，在工作上就變得被動不夠努力。此外還有一點常被爲作爲笑料的也就是他的一口湖南腔，例如"澤就司縮……"你們猜猜她說的是什麼？
——理嘉——

唐秀芬
（經濟系）

經濟系的棒將誰不曉，
考試場上冠軍穩得到；
會計課裏算盤打字樣樣好，
運動場上排球乒乓呱呱叫；
待人誠懇，處處週到，
就是脾氣有點急燥，
工作負責效率高，
未拿文憑就作助教，
計劃性的生活分秒不廢掉，
社會主義的道路她先走了。
——溜花椒——

史軼蘩
（特別生務系）

龐大的身軀，和靄的態度，是燕京的高材生，斐陶斐的會員，同學們的良友。

——良——

金慶瀛
（新聞系）

總顯着很穩重的樣子，但不缺乏青年的熱情，做起事來不慌不忙，念書很認真，在工作中的鍛鍊，使他的政治覺悟漸漸提高起來。但，過去的生活對他仍有很多影響。我們系裡的同學都把他看做老大哥，希望他在未來的工作中，真能給本系的弟弟妹妹，做出很好的榜樣來。

——趙睿——

鄧華耀
（社會系）附

廣東人，長生在美國。四七年到中國來。本打算住一年就回去，但一下就住了兩年半。問他：『你什麼時候回美國？。』他回答：『回去幹嗎？讓他們再剝削我嗎？回見吧！』當然，華耀有許多美國社會帶給他的缺點。但他卻有更多的優良品質——在交友上所表現的坦白、直率，與在球場上所表現的果敢、機警——都值得我們學習。

——康南——

馬駿逸
（國文系）

馬君駿逸，駿逸之馬也。書法既駿且逸，文章逸而復駿。雖系出多烘，却兼擅籃排。爲人剛直忠厚，誠篤不阿。乍觀似覺其桀敖不馴，乃此馬之劣性殘迹也；惟"路遙知馬力，日久見人心"，相識愈久則愈覺其眞乃識途之老馬也。

—— 良 ——

李清泉
（國文系）

我將以最愉快的心情來送我們的老大哥走出校門，去發掘廣大人民中間豐富的語言。我只有幾個最不值錢的方塊字送給他作畢業禮物——"不要抽煙！"

—— 彬 ——

龔理嘉
（社會系）

小貓小貓，身量不高，精神奕奕，目光灼灼，說話如開連珠炮。負責系會，學生會學藝部，政治課委員會……職務繁多不勝枚舉。對人和氣，虛心學習，幫助同學，解決問題。雖名小貓，在歷次學生運動中却是一員虎將！

——璧基——

季忍冬
（家政系）

剛認識她的人一定覺得她很安靜，不大說話；其實相處久了，就會發覺她很活躍，並且相當頑皮。可是不能否認，她有冷靜的頭腦，凡事都細心考慮，並能有條理地進行工作。她愛好美術，善於設計服裝玩具，對她選習的兒童福利是個很好的配合。

——世英——

張意清
（家政系）

態度安靜，
工作有恆，
學習努力，
待人忠誠。
——明——

王淑珍
（經濟系）

黑黑的面龐上，永遠掛着愉快的微笑，使得每個人都喜歡和她作朋友。

業務掌握得踏實，政治水平相當高，並且能結合實際行動。

對于不合理的事，堅強批判，面臨着真理時，她又變得很順從，並堅持它。她是一個忠于革命的好團員。　　～柿子 蔭萱～

曹飛羽
（教育系）

服裝乾淨整齊，　做事有條有理；
每天早睡早起，　讀書鑽研努力。
教書經驗頗多，　尤精算術幾何；
平常嚴肅如佛，　玩起來挺活潑。
志趣小學教材，　準備加油去幹，
現在學習俄文，　以便吸取經驗。
你看他，近視鏡，小草包，
儼然教授樣。
你聽他，有手勢，有內容，
講話不慌不忙。

—鬭之—

宋鵬遠
（經濟系）

此人天性淳樸，雖然有過一些社會經驗，然而仍保持著一顆天眞的心。見人總是笑咪咪的。很容易和人家熟起來。讀書運動皆其所好，而尤喜「拿大鼎」，但是屢次拿不起來。

曾任本淩合作社主任，熱心服務，成績斐然。不過在思想改造過程中有點費勁，希望今後在工作崗位上積極改造。　　　—文樸—

啟程的號響了！你住那裏去？
—鵬遠—

楊汝懷
（音樂系）

瘦削黝黑的臉上戮着些許鬍鬚，頭髮長長的，一看就像個音樂家。可是，沒有一般音樂家那股怪味兒；而他是那麼謙和、誠懇、爽直、有風趣。

大提琴拉得不壞，鋼琴更是看家本領。現在呢，作品也有好幾部問世了。

廿五歲的小伙子，還是光桿兒一條。他說：「音樂就是我的愛人。」是欺人之談嗎？等着瞧吧！
——趙宏慶——

胡宗民
（化學系）附

作一個科學工作者，要敏於事而慎於言。
——王壟——

我自己沒有什麼話可說，只希望，在祖國建設的工作中永不掉隊，只希望當我的孫子拿起這本紀念册翻看的時候，他的爺爺已經是人民功臣中的一名！我想，那時心中的快樂是會勝過今天的！
——胡宗民——

鄭企肅
（西語系）

Berthe：
　笑容滿面　典雅溫文
　待人如己　敬業樂群
　寬洪大量　錙珠不論
　扭扭怩怩　怕見生人
「好人，好說話。」人家批評，
「是嗎？真的呀！」眨眼反問。
————陳瑞蘭vivi————

祁玉蘭
（教育系）

　膚色健康　面帶笑容
　歌聲嘹亮　燕園聞名
　小孩子王　跳跳蹦蹦
　性情直爽　待人忠誠
　工作認真　學習有恒
　將來志願　教育兒童
————慧————

吳小靜
（經濟系）

有著孩子氣的面貌，誰會想到她已經是做母親的人呢？喜歡玩，喜歡唱歌，對人誠懇，有著放縱不拘的性格。對文學、對戲劇都有強烈的愛好，但她已經決心在經濟建設方面，忠誠的去為人民服務。

——蓉——

張祖圻
（教育系）

冬天，柿子上市時節，我們將回憶起她的一切——一個梳著兩條長辮子的孩子，喜歡唱歌，愛好藝術，長於寫作，性情溫和，作事負責。高興的時候笑得那麼天真活潑。

她很欣賞這個富有歷史意義的名字——小柿子，並且預備把它帶到社會主義社會去！

——淑珍、蔭萱、祖心——

王義源
（經濟系）

幽默能言，語語令人捧腹。
辦事負責，處處努力服務。
應接謙和，人人願與接近。
博覽強記，事事見解超人。
——顯曾——

金無驕
（經濟系）附

無人不識金無驕，羣衆關係搞得好，又調皮，又取笑，嘻嘻哈哈把事了。新文字呱呱叫，寫起來嚇人一大跳！筆記抄的齊又整，可惜別人看不了。美中不足的愛「嘮切」，沒事揷嘴把事攪，若能自我批評再檢討，堪稱經濟系裏大活寶！
——唐秀芬——

黃繼忠
（西語系）

黃公繼忠，別號黑爾柏，體修偉，衣飾整潔，小鬍子兩撇，左右而下，計分黑棕黃三色，挾厚書數册僕僕燕園道上，儼然有學者風。低班遇之，輒疑爲敎授而行禮焉。居四樓，愛高歌，由讚美詩而爵士樂無不擅長。有黃 Crosby 之雅號。原籍江西，其第一語言爲却是滬白，第二語言卽爲英文。按說洋味兒十足，而畢業論文却是『小二黑結婚』。　——光 華——

陳昕子
（教育系）

寬肩膀，大個子，又威嚴，又神氣，學習努力，工作積極，偶爾講些怪道理。
附屬學校他是頭，外號叫燻魚﹂
　　　　　　　——張——

李道和
（新聞系）

從前，他是本校天字第一號的蘑菇頭兒。解放後，作了180度的轉變，學習積極；尤以參加土改歸來，工作熱情有增無已。學藝部，讀報組，都被他領導得勃勃有生氣。

作事當機立斷，斬釘截鐵，不拘小節。嗓門奇大無比，指揮大隊，綽綽有餘。說相聲是他的拿手好戲，惟輕不一露，西班牙吉他也彈一氣，惟自他老友「大楊」畢業後，因無知音，久已不彈此調調兒矣！

——光　華——

李光華
（西語系）

He's of medium height and stocky build. He has a round face that lights up when he meets his friends. His chief charm is an infectious good humor. If your Spirits are low, you will surely be feeling quite jolly after a chat with Li Kuang Hua.

——Edwin payne——

周慕萱
（西語系）

贈慕萱：
求學遠離故鄉陌　粵東才女燕園客
典雅適是東方格　聰敏專精西域文
論德堪與孟光配　貞靜幽嫻衆所推
一時英異眞無對　羨君讀盡五車書
却是無產者精神　雖屬風流儒雅人
全心全意爲人民　馬恩列斯勤研究
渭樹江雲南北路　今日與君分袂去
剪燭重話巴山雨　何時西窗共酒樽
——譚麗珠——

劉培蔭
（音樂系）

懸賢鶼心似碧蓮，
琴韵悠悠十數年。
外柔內剛心地善，
獻身人民新樂壇。
——×——

馬堪溫
(西語系)附

他是一個平凡的人——平凡得像一盞昏黃的街燈，寂寞地守着夜街，向單調和孤寂奮鬥。呀，是一個多麼忠誠，熱心，可親的人嘛！他的破皮靴，黃斌衣，和紅得像女孩子的臉頰，替他的友伴們織成一個多麼親切的印象！

一個 sentimentalist，一個現實主義者，但會珍惜自己和人家的感情，會欣賞晚霞的緋紅。……他默默地生活，堅强地向着信仰，他原是平凡得像一盞小小的街燈。
——世標——

普安德
(中國文化學程)

Andrew Posey，美國佬，對戰後的中國發生了濃厚的興趣，1949就跑到北京來。在華語學校讀了一學期，在本校念了一年，一口中國話居然也相當流利了。他是個地道的書呆子，一向堅持着他那每週讀書七十二小時的嚴格計劃。畢業後將繼續留中國研究中文，準備着對中國有較多的貢獻。
——Norman——

劉麗笙
（特別生物系）
舉止安詳，
儀態深沉。
胸羅萬機，
大有學問。

李佩文
（特別生物系）
胖胖的面孔，
微微的笑容，
「和藹可親」
這是同學們對她的批評。

徐庚蔭
（經濟系）

這個人初看似乎很不簡單，其實呢？也真不簡單。他平常不輕易發表高論，高論都在腦子裏醞釀着，一旦發表出來就是相當成熟的。

這個人初看似乎很能幹，其實呢？也真能幹，而且很有一套辦法。四年來，他搞文工團、豆漿站、合作社、大生產……懃愛工作任勞任怨。真是一個地道的，"幹才"呀！
——趙文樸——

劉光華
（新聞系）

袖珍小生劉光華，
短小精悍，文武雙全：
下筆千萬語而辭不窮；
一跑十幾里而色不變。
性倔强，好雄辯。
口若懸河，經常氾濫。
語彙有："所謂什麼什麼者"
　和　"就什麼什麼而言"
自稱則："老子如何如何"
罵人則："小子胆大包天"
鄭子曰："豈敢，豈敢！"
——天　增——

張之南
（特別生物系）

優越的表現，瀟洒的風度，幾年來給人的印象如此。
懃忱地服務，衷心的助人，幾年後給人的感想如彼。
燕京的優秀學生，斐陶斐的榮譽會員，新中國的卓越醫師。

——良——

金以輝
（經濟系）

這小孩，
很聰明。
讀書很多，
功課很好。
待人很和氣，
說話很流利。
發表言論滔滔不絕，
喜歡替人解決問題。

——文樸——

何慧君
（教育系）附

"她是我們最喜歡的先生，熱心服務，有時候颱風下雨，還來照顧我們，對我們非常關心，希望她畢業以後，多辦幾所像晨光一樣的學校，好好為工農子弟服務。"
——晨光小學學生——

沈瑞奉
（教育系）

跳跳蹦蹦沈瑞奉	人贈綽號小頑童
說說笑笑善表情	歌舞台上顯神通
頭髮短到脖梗	身材高矮適中
走起路來一陣風	緊張之中有輕鬆
工作堅忍有恆	待人和靄忠誠
談吐深刻分明	讀書努力用功
教育系高材生	文學院獲獎榮

——勵之——

曹德懿
（經濟系）
具有沉默寡言，吃苦耐勞的性格，樸實率真的作風，學習努力，舉止大方，但缺少果斷力。望在工作中鍛鍊自己，以期更好地為人民服務。
——貞——

鄭秀貞
（家政系）
好人，大大的好人！
體短小而精悍，
黃的是頭髮，
神的是溜冰！
Me Too, Me Too.
——戈盾——

周恒熙
（經濟系）

周君恒熙，美名小咪。溫文敦厚，蓋有自焉。待人謙恭和藹，接物頭頭是道，老謀深算，天機無遺。涉身經濟是非無因，異日煌煌之表現，將拭目可待矣。惟欠英明豪爽之風，是不得不為吹毛之疵耳。
——良——

湯心頤
（化學系）

誠如劉鴻鈞兄說他，『活潑，輕鬆，是實驗室的好手，給人永遠不能磨滅的印象。』

心頤一向的作風，就是天真，直率，在各方面的表現都是如此，同學們都會覺得他的和藹易近，『小孩』綽號，因以流傳，假若我們非要在這塊完璧中找出點微瑕不可，那就是他還有一些散漫性的存在，或說還未做到『規律化』。
——良——

羅慶祖
（家政系）

孩子，十足的孩子。紅紅胖胖，樸素雅靜，提着一個布書包，你會猜她是高中的學生。四年中永沒變過樣，也永沒見她在公開場所張過口。我有時思，學校裏究竟有多少人知道羅慶祖是誰？

—— 戈 ——

王 權
（特別生物系）

幽雅的外表，冷靜的態度，却掩不住內在的熱情——這是為人民服務的原動力。

—— 良 ——

史譽吾
（特別生物系）

史君衣冠整潔而不浮華，態度沉著而不迂腐，待人接物眞誠細膩，感情理智配合恰當。

江蘇武進人，早年負笈三蜀，所操川語可以亂眞；來京三年，而人不辨其來自江南。惟自幼遠離鄉井，獨不識江蘇語。

史君又善以顏色測人性格，有獨到處。昔爲燕劇化裝師，音樂亦君所酷愛。

——繼忠——

徐守春
（特別生物系）

歪歪的頭髮，淘氣的神精，在在都給人以一種蓬勃，生動的感覺。律己如是，待人亦如是，現在的情況如是，異日的前途亦將如是。

——良——

田麗麗
（護預系）
白衣慈航，　熱心助人。
麗質天生，　不愧其名。
——華——

何傚德
（護預系）
常帶着笑
——病人心目中的太陽。
和氣，真誠——是南
丁格爾的化身。
——盾——

孫 瑞 龍
（特別生物系）

不善談吐，而肯埋首苦幹，
不長交往，而能熱心助人。
正是一個造福人羣的大夫應有的
抱負。
斐陶斐的榮譽已加在他的頭上。

——良——

吳 醒 民
（特別生物系）

樸實、誠懇、堅毅、熱情，
這是醒民在各方面的表現的總結
，也是將來向各方面發展的基礎。
現在是我們的親密的朋友，將來是
我們的可靠的健康顧問。

——良——

張 振 海
（經濟系）
"書贈振海"
純直豪爽，信人也。作事認真，一
絲不苟。有曾子之風而豈過之。
外表雖楞，內秀難測，觀乎君，吾
知以貌測人之謬焉。
——段幼麟——

孫 大 中
（經濟系）
心直口快爲人善，
思少言多欠虛心。
——×　×——

張 瑞 芝
（西語系）附

生人覺得她沉默寡言，其實是又健談又愛笑。盈盈的微笑像是對人低語，抖擻的精神像是滿懷心志。走出了學校，擺脫了溫情的引誘。她曾說："我是屬于工農群衆的！"
——鄭企肅——

穆 懷 珠
（教育系）

不慌不忙，
穩穩當當。
討論不愛發言，
成績可在九十以上。
志願搞托兒所工作，
一定把小孩撫養得又白又胖！

蕭振喜
（物理）研

功課很棒！
教書也棒！
溜冰更棒！
排球最棒！
——華——

張秀真
（教育系）

『小孩兒』張秀眞，過去『晨光學校』校長，今日的小學部主任。雖然有時犯個小彆扭，說兩句令人笑破肚子的『廢話』，可是，羣衆關係滿好，因爲她：工作積極認眞，對人關心無比。
——佩秋——

姚祖彝
（經濟系）

他是這麼一個人——『說幹就幹。』

譬如，他像乳牛一般的喜歡聽人家彈琴，於是就用火般的熱情去追求會彈琴的人，結果不到半月就成功了。

又如：他愛好服務，於是就獻出他的精力、物力、財力、牛力於同學的福利，結果不出一月就『幹』上學生會的副主席。

說起來，真有他的，話還沒說完，人已經上了馬；馬還沒停，事情已成。

他就是這麼一個人，——說幹就幹。

——裴祖賓——

常又明
（西語系）

「提起藝術家，就會想到一個蓬頭垢面、好久不剃鬍子的怪物。但我們的常兄却是滿潔衛生，與衆不同。素描、速寫造詣極深。最近專攻油畫，進步奇速。毛主席的大幅畫像就是出自他的手筆。一年來，一直負責學生會的美工組。待人和靄可親、樂于接受批評。分析問題也有條有理。」

他已是兩個小寶貝的爸爸了，難怪他老是一副得意洋洋的神氣。

王克基
（經濟系）

車來！車來！進城八百！『三輪』美名，四海揚哉！

克基三哥經濟系傑出人材，理論與實踐之配合始作俑於此公，以統計會計之原理，應用於稱斤較兩之司秤，副食因以好轉，德莫大焉！性溫怡和平，與人無爭，悠然自得其樂，埋首苦蘢，精神可嘉，刻苦自勵，令人敬佩。

——良——

裘祖賚
（經濟系）

廣東面孔，寧波產；排骨一付，喜跳舞；善寫書信，抒情文；口才奇健，易燒盤。一向小心身體，注重衣著，每日伏案工作孜孜不倦，大部時間為寫日記、覆信件，整理蒐集之電車票、戲票，貼照片。

如果要知道他的性情，問上十個同學，他們一定會告訴你："四年來沒見他發過一次脾氣。"

——姚祖彝——

鄭錫海
（政治系）

川娃子，
多年居京，却沒染上京氣。
個兒不大，一身大褂，
頭髮斜披，語若連珠；
格老子，沒得話說，硬是個南路
（宜賓）來的娃兒。

——盾——

趙壽增
（英語專修科）

他是一個外貌很修整的人，很喜歡潔淨，但從表面不會看出他却是具有散漫自由的性質。他不大唸書，可是他很有才能；他很自負，對於一切事都說有辦法，可是也沒見他辦什麼。他待人很好，可是又不愛去接近人。他是這樣一個使人不大容易瞭解的人，可是燕京有很多人喜歡他。

李光霽
（歷史系）

鄭靜生
（西語系）

『不平凡的四年』
——光霽——

Peter, Peter,
What a book-sitter!
別看他年紀小，別進他脾氣怪，
滿腦玄學，滿腹牢騷，
博學多才，孤高自賞：
"對蝦是我的 Favorite dish,
聖經是我的百寶全書，
柏拉圖是我的導師，
耶穌基督是我的救主，
"南無阿彌陀佛，阿們！"
——慕萱——

凌 瑞 琴
（特別生物系）

活潑，熱情。精明，能幹。有宗教的信仰，有音樂的修養，有優秀的成績，有輝煌的前途。
——良——

◀未交照片同學▶

曹百龍（新聞系）
董敏增（新聞系）
劉少梅（心理系）
陳淑安（心理系）
劉日新（教育系）
王懷德（物理系）
李克敦（物理系）附
陸建威（工　科）
羅匯泉（工　科）
郭遂基（特別生物系）
林友華（特別生物系）
朱章瑤（數學系）
童勤謨（數學系）
朱荔蓀（政治系）研
譚大霖（政治系）
林嘉澤（經濟系）
周梅英（英語師資專修科）
李英藩（英語師資專修科）

1950畢業同學通訊名錄 *（附級生）

國 文	李清泉	河北新城	海甸西大街甲2
	馬駿逸	天　津	天津二區二號路2
西 語	黃繼忠	江西吉安	
	周汝昌	天　津	
	李光華	河南開封	開封南關康平醫院
	常又明	平原安陽	北京成府蔣家胡同 10 張光裕轉
	鄭企肅	浙江鄞縣	上海南京路772
	周慕萱	廣東番禺	上海江西中路460弄1
	*馬墀溫	北　京	北京西四北溝沿225
	*張瑞芝	上　海	上海高安路18弄3
	*譚麗珠	山東濰縣	青島龍江路26
	*鄭靜生	廣東汕頭	上海寶建路6
新 聞	曹百龍	四川定遠	
	童敏增	河北新城	
	李春美	廣東惠陽	
	趙蓉	北　京	北京東城遂安伯胡同51.（50823）
	金慶瀛	河北洞間	唐山狀元頭條8
	鄭天增	山東慶雲	天津十區成都道209
	周寶恩	江蘇寶山	天津一區甘肅路南大東院東樓1
	劉光華	湖北陽新	北京後椅子胡同1
	李道和	安徽合肥	
	李文光	天　津	
	吳光燦	浙江紹興	上海寧波路74弄同和左里7
歷 史	李光霽	天　津	天津十區岳陽道福華里8
	胡多生	四川成都	北京舊簾子胡同30
	陳仲夫	浙江紹興	

	＊吳津津	江蘇武進	北京西長安街兒童醫院
教 育	張秀貞	天　津	天津一區河南路166
	周世英	福建閩侯	上海永嘉路485弄2
	陳昕予	天　津	天津海下東大沽耀遠堂東宅
	劉日新	河北樂亭	
	張勵之	遼　西	北京安內大街224
	曹飛羽	河北良鄉	
	穆懷珠	北　京	青島江蘇路山大醫院
	祁玉蘭	河北霸縣	海甸南大街20
	沈瑞奉	浙江紹興	上海長樂路764弄8
	唐慧珍	廣東中山	北京石駙馬後宅甲22
	童曉禮	浙江德清	上海西慶路535弄4
	張祖圻	湖南長沙	
	＊何鼉君	陝西乾縣	北京西單十八半截胡同52
	＊譚恩菊	江蘇淮安	北京西單李閣老胡同22
音 樂	趙行道	湖北漢陽	清華大學曾吉院31號乙
	楊汝懷	河北遵化	北京崇內鎮江胡同16
	劉培蔘	河北樂亭	北京東單井兒胡同5
心 理	鄭祖心	北　京	北京崇內後溝2
	劉少梅		
	陳淑安		
中　國			
文化學程	普安德(Andrew Posey)	美國紐約州	7, Cliff street, Yonkers, N.Y.
物 理 (研)	蕭振喜	遼寧錦州	
	王懷德	上　海	
	＊李克敦	山東即墨	
	＊胡宗民	河北邢台	綏遠五原東街2
化 學	蘇學良	天　津	天津河東糧店後街孫家胡同22
	蔣家俊	江蘇無錫	

	湯心頤	河北清苑	
	劉鴻鈞	浙江慈谿	北京東城乾麵胡同22
工　科	羅滙泉		
	陸建威		
特　別	凌瑞琴		協和醫院
生物系	劉麗笙	河北宛平	協和醫院
	史鉄蓁	江蘇溧陽	協和醫院
	王權	山東益都	協和醫院
	李佩文	浙江鎮海	協和醫院
	張之南	江蘇常州	協和醫院
	郭遂唐		協和醫院
	孫瑞龍	江蘇崇明	協和醫院
	吳醒民	河北寶坻	協和醫院
	史譽吾	江蘇武進	協和醫院
	徐守春	安徽南陵	協和醫院
	林友華		協和醫院
護　預	何俶德	浙江紹興	協和醫院
	田麗麗	山東安邱	協和醫院
	林窰	福建長樂	天津十區林森路牛津別墅21
數　學	朱章瑤		
	童勤謨		
家　政	季忍冬	江蘇江陰	上海南京路882號120室
	張意清	上　海	北京史家胡同8
	羅慶祖	北　京	天津十區鎮南道149
	鄭秀珍	廣東順德	天津十區民園大樓B205
政　治（研）	朱荔蓀	山東諸城	
	鄭錫海	四川宜賓	
	譚大霖		
經　濟	唐秀苾	天　津	

	吳小靜	四川成都	北京沙灘北大東宿舍3
	耿靈華	河北通縣	北京東四報房胡同55
	何敏英	浙江鄞縣	天津一區黑龍江路13
	曹懿德	河北昌黎	北京南池子飛龍橋23
	王淑珍	河北遵化	北京東城報房胡同18
	張振海	北　京	
	孫大中	江蘇無錫	北京東單二條25
	趙文樸	河北深縣	北京西四石牌胡同 58 范宅轉
	金以輝	江蘇嘉定	北京王府井小甜水井3
	裘祖賚	浙江慈谿	上海愚園路88弄17
	周恒熙	天　津	
	王克基	山東牟平	山東省牟平縣輪家莊
	王羲源	江蘇吳縣	北京西四北毛家灣
	姚祖彝	浙江餘杭	
	徐庚藎	天　津	北京西鐵匠胡同32
	凌治安	廣東番禺	上海新閘路944衖6
	朱鵬遠	天　津	
	＊金無畏	廣東南海	北京宣外上斜街54
	＊李松芳	廣東高要	秦皇島開灤路43
社會	楊曼莉	河北文安	
	陸璧基	天　津	天津十區南斜街30
	龔理嘉	安徽合肥	北京宣外永光寺中街3
	劉愷	天　津	北京北兵馬司26
	＊鄧華耀	廣東開平	九龍太子道156號二樓
	＊魏九芳	河北安次	北京北鑼鼓巷法通寺7旁門
	＊黃美復	江西豐城	湖南衡陽中山南路馬斯巷5
英語師資	趙壽增	浙江會稽	北京和內舊簾子胡同82
	周梅英	福建林森	
	李英溎	河北永年	

天津利中化學工業股份有限公司

66°Bé 工業用硫酸

分析用 C.P. 硫酸

100分紅藍光硫化青

業務部：地址：天津五區八經路17號
電話：4—1831, 4—1002

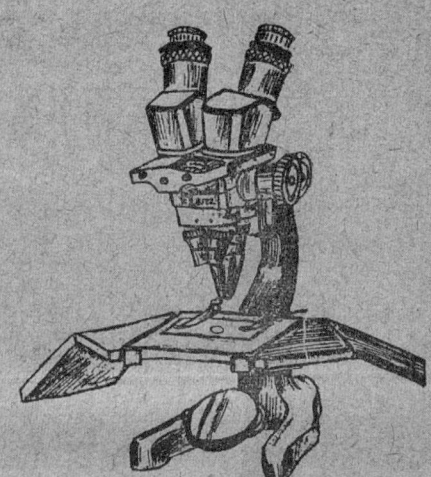

第一化學廠，工業知行社，三和科學公司，中聯科學商行

合併改組

中華科學企業股份有限公司

產銷項目

化學藥品　玻璃器皿　工業原料　化學儀器　分析試劑

榮譽出品

硬質 "標準" "TYREX" 玻璃

特點 ｛ 耐熱程度：油浴熱至 230°C 即刻投入冷水中絕對安全不裂。
中性程度：酚酞及甲基紅兩種指示劑對本種玻璃不呈酸鹼性反應。

品質高超　•　媲美舶來

地點 ｛ 總公司業務部　北京燈市口十八號　電話 ｛ 五一四二五 / 五一九一三 / 五三四七八
儀器製造廠：崇外臥佛寺後街六號　　七二四四一
藥品製造廠：西經路一號　　　　　　三五三八二

製售

電影機器及零件

教育用反射燈

農村用瓦斯幻燈

舞臺用各種燈彩

東亞聲光機器工廠

天津一區迪化道卅三號

北京特種工藝聯合會
Peking Arts and Handicrafts Union

北京崇內大街三十九號
電話（五）四二一〇
電報掛號 P.A.H.U.

會員廠坊 2000 戶，專製各種北京名貴及通俗外銷的工藝品。

本會業務組代客辦理國際貿易一切手續，時間準確，保證滿意！

北京
美大洗染廠

乾洗呢絨服裝　　雨衣防水上膠
精染毛絲衣料　　織補衣服絲襪
為優待本校及校友起見
　　一律按原價八五折計算
地址：王府井大街三十四號（帥府園西口）
電話（五）四三五六

壽豐麵粉股份有限公司

成立三十餘年・歷史悠久

設備規模宏大・產量豐富

出品行銷各地・有口皆碑

地　址

總廠：天津第二區復興道

電話：四〇三三七

分廠：天津第八區趙家場

電話：六一二二一

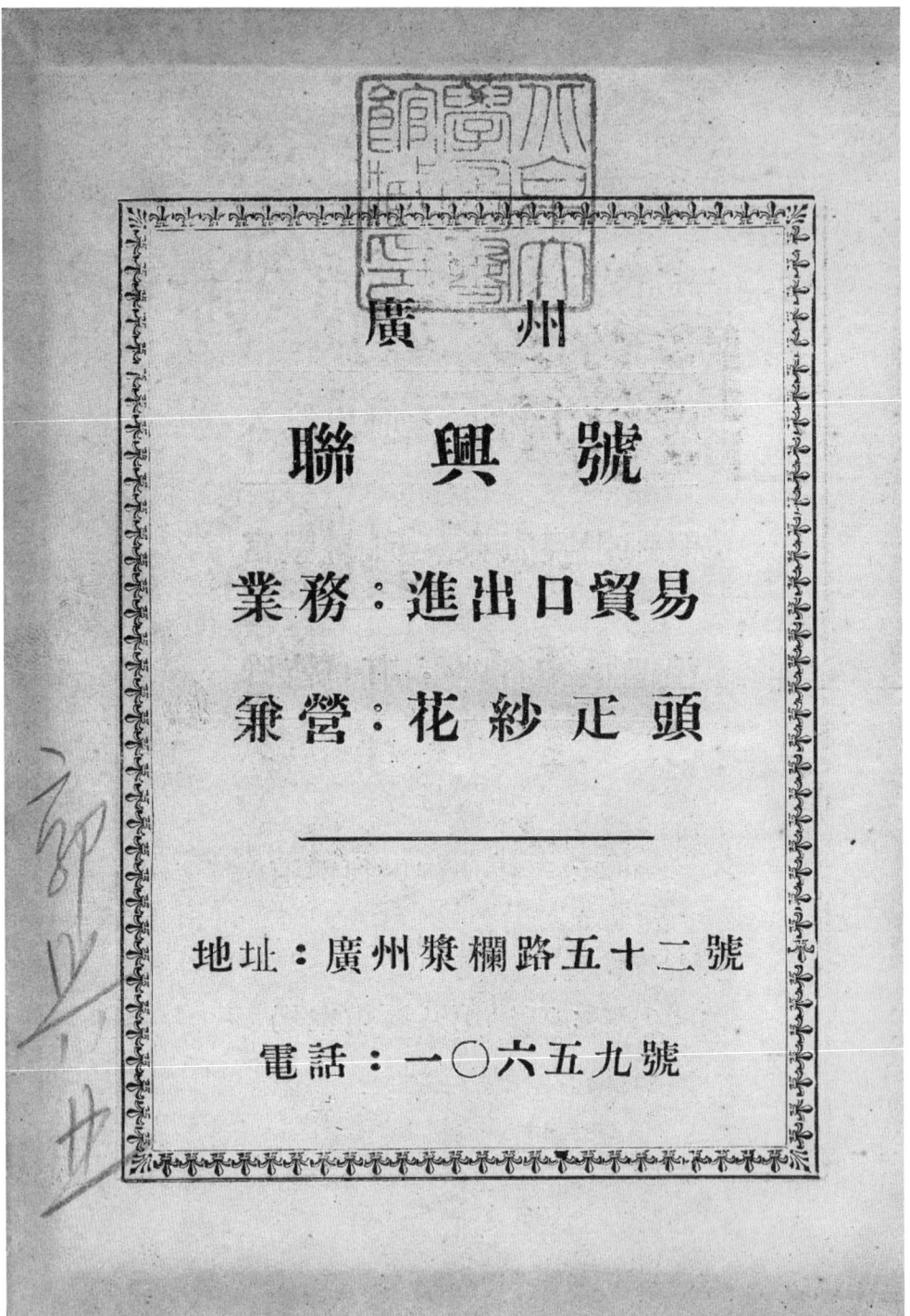

啟新洋灰股份有限公司出品

馬牌

波特蘭洋灰

加氣洋灰

速凝洋灰

歷史悠久●信譽卓著

總公司：天津第一區大沽路一○三號

電話三一七四九、三一三○九、三三四六二

辦事處：北京　上海　瀋陽

工廠：唐山

◀各大都市均有代銷處▶